Souvenirs musicaux

Camille Saint-Saëns

(Traducteur : Edwin Gile Rich)

Writat

Cette édition parue en 2024

ISBN : 9789359940663

Publié par
Writat
email : info@writat.com

Contenu

CHAPITRE I

SOUVENIRS DE MON ENFANCE

Autrefois, on me disait souvent que j'avais deux mères et, en fait, j'en avais deux : la mère qui m'a donné la vie et ma grand-tante maternelle, Charlotte Masson. Ce dernier était issu d'une vieille famille d'avocats nommée Gayard et cette parenté fait de moi un descendant du général Delcambre, un des héros de la retraite de Russie. Sa petite-fille épousa le comte Durrieu de l' *Académie des Inscriptions et Belles-Lettres* . Ma grand-tante est née en province en 1781, mais elle a été adoptée par un oncle et une tante sans enfants qui ont élu domicile à Paris. C'était un riche avocat et ils vivaient magnifiquement.

Ma grand-tante était une enfant précoce – elle marchait à neuf mois – et elle est devenue une femme d'une intelligence vive et de brillantes réalisations. Elle se souvenait parfaitement des coutumes de l' *Ancien Régime* et aimait les raconter, ainsi que la Révolution, la Terreur et les temps qui suivirent. Sa famille fut ruinée par la Révolution et la jeune fille, frêle et frêle, entreprit de gagner sa vie en donnant des cours de français, de pianoforte - l'instrument était alors une nouveauté - de chant, de peinture, de broderie, enfin de tout ce qu'elle savait. et dans bien des cas, elle ne l'a pas fait. Si elle ne le savait pas, elle apprenait sur-le-champ pour pouvoir enseigner. Par la suite, elle épousa un de ses cousins. N'ayant pas d'enfants, elle fit venir de Champagne une de ses nièces et l'adopta. Cette nièce était ma mère, Clémence Collin. Les Masson étaient sur le point de se retirer des affaires avec une fortune confortable, lorsqu'ils perdirent pratiquement tout en deux semaines, dans la panique, économisant juste de quoi vivre décemment. Peu de temps après, ma mère épousa mon père, un petit fonctionnaire du ministère de l'Intérieur. Mon grand-oncle mourut le cœur brisé quelques mois avant ma naissance, le 9 octobre 1835. Mon père mourut de consomption le 31 décembre suivant, un an jour pour jour après son mariage.

Ainsi les deux femmes se retrouvèrent toutes deux veuves, mal entretenues, alourdies par de tristes souvenirs, et avec la garde d'un enfant délicat. En fait, j'étais si fragile que les médecins me laissaient peu d'espoir de vivre et, sur leurs conseils, je restai à la campagne avec ma nourrice jusqu'à l'âge de deux ans.

Alors que ma tante avait reçu une éducation remarquable, ma mère n'avait pas reçu un enseignement aussi étendu. Mais elle comblait tout manque par l'étalage d'une imagination et d'une avide puissance d'assimilation qui confinait au miraculeux. Elle me parlait souvent d'un oncle qui l'aimait beaucoup : il s'était ruiné pour la cause de Philippe Egalité. Cet oncle était artiste, mais il était néanmoins passionné de musique. Il avait même construit de ses propres mains un orgue de concert sur lequel il jouait. Ma mère s'asseyait entre ses genoux et, pendant qu'il s'amusait à passer ses doigts dans ses splendides cheveux noirs, il lui parlait d'art, de musique, de peinture, de beauté sous toutes ses formes. Elle s'est donc mis en tête que si jamais elle avait des fils, le premier devrait être musicien, le deuxième peintre et le troisième sculpteur. En conséquence, quand je suis revenu de chez l'infirmière, elle n'a pas été très surprise que je commence à écouter chaque bruit et chaque son ; que je faisais grincer les portes, et que je me plantais devant les horloges pour les entendre sonner. Ce qui me plaisait particulièrement, c'était la musique de la bouilloire à thé, une grande bouilloire qu'on accrochait chaque matin devant le feu du salon. Assis à proximité sur un petit tabouret, j'attendais avec une vive curiosité les premiers murmures de son *crescendo doux et bigarré* , et l'apparition d'un hautbois microscopique qui augmentait peu à peu son chant jusqu'à ce qu'il soit réduit au silence par la bouilloire bouillante. Berlioz a dû entendre ce hautbois aussi bien que moi, car je l'ai retrouvé dans la « Chevauchée vers l'Enfer » de *La Damnation de Faust* .

En même temps, j'apprenais à lire. Quand j'avais deux ans et demi, ils m'ont placé devant un petit piano qui n'avait pas été ouvert depuis plusieurs années. Au lieu de jouer du tambour au hasard comme l'auraient fait la plupart des enfants de cet âge, je frappais les notes l'une après l'autre, en continuant seulement lorsque le son de la note précédente s'était éteint. Ma grand-tante m'a appris le nom des notes et s'est procuré un accordeur pour mettre de l'ordre dans le piano. Pendant que l'accordage était en cours, je jouais dans la pièce voisine, et ils furent complètement étonnés lorsque je nommai les notes telles qu'elles étaient jouées. On ne m'a pas dit tous ces détails, je m'en souviens parfaitement.

J'ai suivi la méthode Le Carpentier et je l'ai terminé en un mois. Ils ne pouvaient pas laisser un petit singe comme celui-là travailler au piano, et j'ai pleuré comme une âme perdue quand ils ont fermé l'instrument. Ensuite, ils l'ont laissé ouvert et ont placé un petit tabouret devant. De temps en temps, je quittais mes jouets et grimpais pour jouer du tambour tout ce qui me passait par la tête. Petit à petit, ma grand-tante, qui avait heureusement d'excellentes bases en musique, m'a appris à bien tenir mes mains pour ne pas acquérir les défauts grossiers si difficiles à corriger plus tard. Mais ils ne savaient pas quel genre de musique me donner. Celui écrit spécialement pour les enfants est, en règle générale, entièrement mélodique et la partie pour la main gauche est sans intérêt. J'ai refusé de l'apprendre. «La basse ne chante pas», dis-je avec dégoût.

Puis ils ont cherché dans les maîtres anciens, dans Haydn et Mozart, des choses suffisamment faciles à manier pour moi. A cinq ans, je jouais correctement de petites sonates, avec une bonne interprétation et une excellente précision. Mais je n'ai consenti à les jouer que devant des auditeurs capables de les apprécier. J'ai lu dans une notice biographique qu'on m'avait menacé de coups de fouet pour me faire jouer. C'est absolument faux ; mais il fallait me dire qu'il y avait dans le public une dame qui était une excellente musicienne et qui avait des goûts exigeants. Je ne jouerais pas pour ceux qui ne le savaient pas.

Quant à la menace des coups de fouet, elle doit être reléguée au rang des légendes avec celle selon laquelle Garcia punissait ses filles pour leur faire apprendre à chanter. Madame Viardot m'a dit expressément que ni elle ni sa sœur n'étaient maltraitées par leur père et qu'elles apprenaient la musique sans s'en rendre compte, tout comme elles apprenaient à parler.

Mais malgré mes progrès surprenants, mon professeur ne prévoyait pas ce que serait mon avenir. «Quand il aura quinze ans, dit-elle, s'il sait écrire une danse, je serai satisfaite.» Mais c'est justement à cette époque que j'ai commencé à écrire de la musique. J'écrivais des valses et des galops : le galop était à la mode à cette époque ; il s'agissait de motifs musicaux assez ordinaires et les miens ne faisaient pas exception à la règle. Liszt devait montrer par son *Galop Chromatique* la distinction que le génie peut donner aux thèmes les plus banals. Mes valses étaient meilleures. Comme cela a toujours été mon cas, je composais déjà la musique directement sur papier sans la travailler au piano. Les valses étaient trop difficiles pour mes mains, alors une amie de la famille, sœur de la chanteuse Geraldy, a eu la gentillesse de me les jouer.

J'ai regardé ces petites compositions récemment. Ils sont insignifiants, mais il est impossible d'y trouver une erreur technique. Une telle précision était remarquable pour un enfant qui n'avait aucune idée de la science de l'harmonie. A cette époque, quelqu'un a eu l'idée que je devais entendre un orchestre. Alors ils m'ont emmené à un concert symphonique et ma mère m'a tenu dans ses bras près de la porte. Jusque-là, je n'avais entendu que des violons isolés et leur sonorité ne me plaisait pas. Mais l'impression de l'orchestre était tout autre et j'écoutais avec délice un passage joué par un quatuor, quand, tout à coup, retentit un souffle des cuivres : trompettes, trombones et cymbales. J'ai éclaté en criant : « Faites-les arrêter. Ils m'empêchent d'entendre la musique. Ils ont dû me faire sortir.

Quand j'avais sept ans, je suis passé des mains de ma grand-tante à celles de Stamaty. Il a été surpris de la façon dont mon éducation musicale avait été orientée et il l'a exprimé dans un petit ouvrage dans lequel il discutait de la nécessité de prendre un bon départ. Dans mon cas, dit-il, il n'y avait rien d'autre à faire que de se perfectionner.

Stamaty était le meilleur élève de Kalkbrenner et le propagateur de la méthode qu'il avait inventée. Cette méthode était basée sur le *guide main* , j'ai donc été mis à travailler dessus. La préface de la méthode de Kalkbrenner, dans laquelle il raconte les débuts de son invention, est extrêmement intéressante. Cette invention consistait en une tige placée devant le clavier. L'avant-bras reposait sur cette tige de telle manière que toute action musculaire, sauf celle de la main, était supprimée. Ce système est excellent pour apprendre au jeune pianiste à jouer des morceaux écrits pour le clavecin ou les premiers pianofortes où les touches répondaient à une légère pression ; mais il est insuffisant pour les œuvres et instruments modernes. C'est par là qu'il faut commencer, car cela développe la fermeté des doigts et la souplesse du poignet, et, par étapes faciles, ajoute le poids de l'avant-bras et de tout le bras. Mais de nos jours, il est devenu courant de commencer par la fin. Nous apprenons les éléments de la fugue du *Wohltemperirte Klavier de Sebastian Bach* , le piano des œuvres de Schumann et Liszt, ainsi que l'harmonie et l'instrumentation de Richard Wagner. Trop souvent, nous gaspillons nos efforts, tout comme les chanteurs qui apprennent les rôles et se précipitent sur scène avant de savoir chanter ruinent leur voix en peu de temps.

La fermeté des doigts n'est pas la seule chose que l'on apprend de la méthode de Kalkbrenner, car il y a aussi un raffinement de la qualité du son produit par les doigts seuls, une ressource précieuse et inhabituelle de nos jours.

Malheureusement, cette école a aussi inventé *le legato continu* , à la fois faux et monotone ; l'abus des nuances et la manie de *l'expression continuelle* utilisée sans discrimination. Tout cela était contraire à mes sentiments naturels, et je ne pouvais m'y conformer. On me faisait des reproches en disant que je n'obtiendrais jamais un très bel effet, ce à quoi j'étais tout à fait indifférent.

Quand j'avais dix ans, mon professeur a estimé que j'étais suffisamment préparé pour donner un concert à la salle Pleyel, alors j'y ai joué, accompagné d'un orchestre italien, avec Tilmant comme chef d'orchestre. J'ai donné *le Concerto en do mineur de Beethoven* et un concerto en si bémol de Mozart. Il a été question de mon jeu à la Société des Concerts du Conservatoire, et il y a même eu une répétition. Mais Seghers, qui fonda ensuite la Société Sainte-Cécile, était une puissance dans les affaires de l'orchestre. Il détestait Stamaty et lui disait que la Société n'était pas organisée pour jouer des accompagnements pour enfants. Ma mère se sentait blessée et ne voulait plus rien entendre.

Après mon premier concert, qui fut un brillant succès, mon professeur voulut que j'en donne d'autres, mais ma mère ne souhaitait pas que je fasse une carrière d'enfant prodige. Elle avait de plus grandes ambitions et ne voulait pas que je continue à travailler en concert de peur de nuire à ma santé. Le résultat fut qu'une froideur s'installa entre mon professeur et moi qui mit fin à nos relations.

A cette époque, ma mère fit une remarque digne de Cornelia. Un jour, quelqu'un lui reprocha de me laisser jouer les sonates de Beethoven. « Quelle musique jouera-t-il à vingt ans ? lui a-t-on demandé. "Il jouera le sien", fut sa réponse.

Le plus grand bénéfice que j'ai tiré de mon expérience avec Stamaty a été ma connaissance de Maleden, qu'il m'a donné comme professeur de composition. Maleden est né à Limoges, comme son accent l'a toujours montré. Il était mince et aux cheveux longs, une âme gentille et timide, mais un professeur incomparable. Il était parti dans sa jeunesse en Allemagne pour étudier auprès d'un certain Gottfried Weber, l'inventeur d'un système que Maleden rapporta avec lui et perfectionna. Il en a fait un merveilleux outil pour aller au plus profond de la musique, une lumière pour les recoins les plus sombres. Dans ce système, les accords ne sont pas considérés en eux-mêmes – comme des quintes, des sixtes, des septièmes – mais par rapport à la hauteur de la gamme sur laquelle ils apparaissent. Les accords acquièrent des caractéristiques différentes selon la place qu'ils occupent et, par conséquent, certaines choses sont expliquées qui autrement seraient inexplicables. Cette méthode est enseignée à l'Ecole Niedermeuer, mais je ne sais pas si elle est enseignée ailleurs.

Maleden était extrêmement impatient de devenir professeur au Conservatoire. Grâce à une puissante influence, Auber était sur le point de signer la nomination de Maleden, lorsque, dans sa scrupuleuse honnêteté, il crut devoir lui écrire et l'avertir que sa méthode différait entièrement de celle enseignée dans l'institution. Auber a eu peur et Maleden n'a pas été admis.

Nos cours étaient souvent très orageux. De temps en temps, certaines questions surgissaient sur lesquelles je ne pouvais pas être d'accord avec lui. Il me prenait ensuite doucement par l'oreille, me courbait la tête et tenait mon oreille contre la table pendant une minute ou deux. Ensuite, il me demandait si j'avais changé d'avis. Comme je ne l'avais pas fait, il y réfléchissait et très souvent il avouait que j'avais raison.

« Votre enfance, m'a dit un jour Gounod, n'a pas été musicale. » Il avait tort, car il ne connaissait pas les nombreux témoignages de mon enfance. Beaucoup de mes tentatives sont inachevées – sans parler de celles que j'ai détruites – mais parmi elles se trouvent des chants, des chœurs, des cantates et des ouvertures, dont aucun ne verra jamais le jour. L'oubli enveloppera après coup ces tâtonnements, car ils n'intéressent pas le public. Parmi ces gribouillages, j'ai retrouvé quelques notes écrites au crayon quand j'avais quatre ans. La date qui y figure ne laisse aucun doute sur l'époque de leur production.

CHAPITRE II

L'ANCIEN CONSERVATOIRE

Je ne peux pas quitter le vieux Conservatoire de la rue Bergère sans lui faire un dernier adieu, car je l'aimais profondément comme nous aimons tous les choses de notre jeunesse. J'ai adoré son antiquité, l'absence totale de toute note moderne et son atmosphère d'autrefois. J'ai adoré cette cour absurde avec les notes lamentables des sopranos et des ténors, les cliquetis des pianos, les sons des trompettes et des trombones, les arpèges des clarinettes, tout cela s'unissant pour former cet ultra-polyphone auquel certains de nos compositeurs ont tenté d'atteindre - mais sans succès. J'aimais par-dessus tout les souvenirs de mon éducation musicale que j'avais reçue dans ce palais ridicule et vénérable, depuis longtemps trop petit pour les élèves qui s'y pressaient de tous les coins du monde.

J'avais quatorze ans lorsque Stamaty, mon professeur de piano, me présenta à Benoist, le professeur d'orgue, un homme excellent et charmant, familièrement surnommé « le Père Benoist ». Ils m'ont mis devant le clavier, mais j'avais très peur et les sons que je produisais étaient si extraordinaires que tous les élèves ont éclaté de rire. J'ai été reçu au Conservatoire comme « auditeur ».

Alors là, je n'étais admis qu'à l'honneur d'écouter les autres. Cependant, j'ai été extrêmement minutieux et je n'ai jamais perdu une note ni un mot du professeur. J'ai travaillé et réfléchi à la maison, étudiant dur le *Wohltemperirte Klavier de Sebastian Bach* . Cependant, tous les élèves n'étaient pas aussi travailleurs. Un jour, alors qu'ils avaient tous échoué et que Benoist n'avait donc plus rien à faire, il m'a mis à l'orgue. Cette fois, personne n'a ri et je suis immédiatement devenu un élève régulier. À la fin de l'année, j'ai remporté le deuxième prix. J'aurais eu le premier sans ma jeunesse et l'inconvénient de devoir quitter une classe où je devais rester plus longtemps.

La même année, Madeleine Brohan remporte le premier prix de comédie. Elle concourait avec une sélection de *Misanthrope* et Mlle. Jouassin a donné l'autre partie du dialogue. Mlle. La technique de Jouassin était la meilleure, mais Madeleine Brohan était si merveilleuse en beauté et en voix qu'elle a remporté le prix. Cette récompense a fait grand bruit. Aujourd'hui, dans un tel cas, la récompense serait partagée. Mlle. Jouassin remporte son prix l'année suivante. Après avoir quitté l'école, elle accepte et occupe longtemps une place importante à la Comédie-Française.

Benoist était un organiste très ordinaire, mais un pédagogue admirable. Une véritable galaxie de talents est issue de sa classe. Il n'avait pas grand-chose à dire, mais comme son goût était raffiné et son jugement sûr, rien de ce qu'il disait ne manquait de poids ni d'autorité. Il collabore à plusieurs ballets pour l'Opéra et cela lui donne beaucoup de travail. Cela semble incroyable, mais il avait l'habitude d'apporter son « travail » en classe et de griffonner son orchestration pendant que ses élèves jouaient de l'orgue. Cela ne l'empêchait pas de les écouter et de s'occuper d'eux. Il quittait son travail et faisait les commentaires appropriés comme s'il n'avait pas d'autre pensée.

En plus de ses ballets, Benoist réalise d'autres petits boulots pour l'Opéra. Du coup, un jour, sans réfléchir, il m'a donné la clé d'un profond secret. Dans son célèbre *Traité d'Instrumentation, Berlioz parle de son admiration pour un passage de l'Œdipus à Colone* de Sacchini . Deux clarinettes se font entendre en tierces descendantes d'un vrai charme juste avant les mots « *Je connais la charmante Eriphyle ».* » Berlioz est enthousiaste et écrit :

« On pourrait croire qu'on voit réellement Ériphyle lui baiser chastement les yeux. C'est admirable. Et pourtant, ajoute-t-il, on ne trouve aucune trace de cet effet dans la partition de Sacchini.

Or Sacchini, pour une raison ou une autre que j'ignore, n'a pas utilisé de clarinette une seule fois dans toute la partition. Benoist fut chargé de les ajouter lors de la reprise de l'œuvre, comme il me le dit un jour pendant que nous causions. Berlioz ne le savait pas, et Benoist, qui n'avait pas lu *le Traité de Berlioz* , ignorait l'admiration enthousiaste du musicien romantique pour son œuvre. Ces tiers heureusement transformés, même s'ils n'étaient pas de Sacchini, n'en étaient pas moins une excellente innovation.

Benoist fut moins heureux lorsqu'on lui demanda de donner un peu de vie au *Roméo de Bellini* en utilisant des éclats époustouflants de batterie, de cymbales et de cuivres. Durant la même période bruyante, Costa, à Londres, traitait *le Don Juan de Mozart* de la même manière. Il a lâché tout au long de l'opéra les trombones que l'auteur avait intentionnellement réservés à la fin. Benoist aurait dû refuser de se livrer à un travail aussi barbare. Elle n'a cependant pas empêché l'échec d'une pièce sans valeur, montée à grands frais par une direction qui avait rejeté Les Troyens.

J'avais quinze ans lorsque je suis entré dans la classe de Halévy. J'avais déjà terminé l'étude de l'harmonie, du contrepoint et de la fugue sous la direction de Maleden. Comme je l'ai dit, sa méthode était celle enseignée à l'Ecole Niedermeuer. Faure, Messager, Périlhou et Gigot y furent formés et enseignèrent tour à tour cette méthode. Mon travail de cours consistait à faire des essais de musique et d'orchestration vocale et instrumentale. Ma *Rêverie* , *La Feuille de Peuplier* et bien d'autres choses y sont apparues pour la première fois. Ils ont été entièrement oubliés, et avec raison, car mon travail était très inégal.

À la fin de sa carrière, Halévy écrivait constamment des opéras et des opéras-comiques qui n'ajoutaient rien à sa renommée et qui disparurent pour ne plus jamais renaître après un nombre respectable de représentations. Il était entièrement absorbé par son travail et, par conséquent, il négligeait beaucoup ses cours. Il ne venait que lorsqu'il avait le temps. Mais les élèves venaient quand même et se donnaient mutuellement un enseignement bien moins indulgent que celui du maître, dont le plus grand défaut était une trop bonne humeur. Même lorsqu'il était en classe, il ne pouvait pas se protéger des égoïsmes. Des chanteurs et des chanteuses de toutes sortes sont venus auditionner. Un jour, c'était Marie Cabel, encore jeune et éblouissante de voix et de beauté. D'autres jours, des ténors impossibles lui faisaient perdre du temps. Quand le maître me faisait savoir qu'il ne viendrait pas – cela arrivait souvent – j'allais à la bibliothèque et c'est là, en effet, que je complétais mes études. La quantité de musique, ancienne et moderne, que j'ai dévorée est au-delà de toute croyance.

Mais il ne suffisait pas de lire de la musique : j'avais besoin de l'entendre. Bien sûr, il y avait la Société des Concerts, mais c'était un Paradis, gardé par un ange à l'épée flamboyante, sous la forme d'un porteur nommé Lescot. Il était de son devoir d'empêcher les profanes de profaner le sanctuaire. Lescot m'aimait et appréciait mon vif désir d'entendre l'orchestre. Aussi faisait-il sa tournée le plus lentement possible pour ne m'expulser qu'en dernier recours. Heureusement pour moi, Marcelin de Fresne m'a donné une place dans sa loge, que j'ai pu occuper pendant plusieurs années.

J'avais l'habitude de lire et d'étudier les symphonies avant de les entendre et j'ai constaté de graves défauts dans l'exécution tant vantée de la Société. Personne ne les supporterait maintenant, mais ils sont ensuite passés inaperçus. J'étais naïf et manquais de discrétion, c'est pourquoi je pointais souvent ces défauts. On peut facilement imaginer quelles coupes de colère ont été versées sur moi.

Aux yeux du public, le grand succès de ces concerts était dû au charme incomparable de la profondeur du ton, attribué à la salle. Les membres de la Société le croyaient aussi et ne laisseraient entendre aucun autre orchestre. Cet état de choses dura jusqu'à ce qu'Anton Rubinstein obtienne l'autorisation du ministre des Beaux-Arts d'y donner un concert accompagné de l'orchestre Colonne. La Société s'en inquiétait et menaçait d'abandonner sa série de concerts. Mais la Société fut déboutée et le concert fut donné. A la surprise générale, on vit qu'un autre orchestre, dans la même salle, produisait un effet tout différent. La profondeur du ton, si appréciée, était due à la célèbre Société elle-même, au caractère des instruments et de l'exécution.

La salle est néanmoins excellente, même si elle ne convient plus à la présentation de compositions modernes. Mais c'est un endroit merveilleux pour les nombreux concerts donnés par des virtuoses, à la fois chanteurs et instrumentistes, accompagnés d'un orchestre, et pour la musique de chambre. Enfin, la salle où la France a découvert les chefs-d'œuvre de Haydn, Mozart et Beethoven, dont l'influence a été si profonde, est un lieu historique.

De nombreuses améliorations dans l'administration du Conservatoire ont été introduites au cours des dernières années. En revanche, des coutumes anciennes et honorées ont disparu et on ne peut que regretter leur perte. Dès l'époque d'Auber, il existait une *pension* liée au Conservatoire. Ici, les jeunes chanteurs venus de province à dix-huit ans trouvaient gîte et couvert, une vie régulière et une protection contre les tentations d'une grande ville, si dangereuses pour les jeunes voix fraîches. Bouhy, Lassalle, Capoul, Gailhard et bien d'autres qui ont fait la renommée de la scène française sont issus de cette *pension* .

Nous avions également l'habitude de donner des récitals dramatiques qui étaient excellents tant pour les interprètes que pour le public car ils donnaient des œuvres qui ne faisaient pas partie du répertoire habituel. Dans ces récitals, ils donnaient *Joseph de Méhul* , longtemps disparu de la scène. Les beaux chœurs chantés par les voix fraîches des élèves eurent un tel succès et l'œuvre entière fut applaudie avec un tel enthousiasme qu'elle fut reprise à l'Opéra-Comique et retrouva un succès qu'elle ne perdit jamais. On y a également entendu *Orphée* de Gluck bien avant que ce chef-d'œuvre ne soit repris au Théâtre-Lyrique. Il y eut ensuite *Irato de Méhul* , œuvre curieuse et charmante que l'Opéra reprit ensuite. Et là aussi, ils ont donné le dernier acte de *l'Otello de Rossini* . La tempête de cet acte m'a donné l'idée de celle qui gronde dans le deuxième acte de *Samson* .

Lors de la reconstruction de la salle, la scène a été détruite, de sorte que de telles représentations sont impossibles. Mais pour compenser cela, ils installèrent un orgue de concert, complément nécessaire aux performances musicales.

Enfin, du temps d'Auber et même d'Ambroise Thomas, le metteur en scène était le maître. Personne n'avait songé à créer un comité qui, sous couvert de la responsabilité du directeur, diminuerait étrangement son autorité. Le seul bénéfice du nouveau système a été la fin de la guerre incessante que les critiques musicaux livraient au metteur en scène. Mais cela ne nuisit ni au directeur ni à l'école, car celle-ci ne cessait de croître à tel point qu'elle aurait dû être agrandie depuis longtemps. Le plan du comité a gagné et l'incident est clos. On ne peut qu'espérer que des mesures seront prises pour permettre une augmentation du nombre d'élèves, étant donné que tant de candidats postulent chaque année et si peu sont sélectionnés.

Comme chacun le sait, nous sommes frappés par une parfaite manie de réformes, il n'y a donc aucun mal à en proposer une pour le Conservatoire. Les conservatoires étrangers ont été étudiés et souhaitent présenter ici certaines de leurs caractéristiques. En effet, certains conservatoires étrangers sont installés dans de magnifiques palais et leurs programmes sont élaborés avec un soin digne d'admiration. La question de savoir s'ils sont de meilleurs élèves que nous est une question ouverte. Mais il est incontestable que de nombreux jeunes étrangers viennent chez nous pour leurs études.

Certains réformateurs sont scandalisés à la vue d'un musicien responsable d'une école où l'on enseigne l'élocution. Ils oublient qu'un musicien peut aussi être un homme de lettres — le directeur actuel cumule ces qualités — et qu'il est peu probable qu'il en soit autrement dans l'avenir. Les professeurs d'élocution ont toujours été les meilleurs que l'on puisse trouver. Quoique M. Faure soit musicien, il a su ramener les cours de tragédie à leur destination première. Pendant un certain temps, ils tendirent vers un modernisme répréhensible, car ils substituèrent dans leurs concours la prose moderne aux vers classiques. Et l'étude de ces derniers est très profitable.

Non seulement il n'y a aucun mal à cette union de l'élocution et de la musique, mais il serait utile que chanteurs et compositeurs en profitent pour se familiariser avec les principes de diction, qui, à mon avis, leur sont indispensables. Au lieu de cela, ils se méfient de la mélodie. La déclamation n'est plus de mise dans les opéras, et les chanteurs rendent les œuvres incompréhensibles en n'articulant pas les paroles. Les compositeurs vont dans le même sens, car ils ne donnent aucune indication ni direction sur la manière dont ils veulent que les paroles soient prononcées. Tout cela est regrettable et doit être réformé.

Comme vous le voyez, je m'oppose à la manie des réformes et je termine en proposant moi-même des réformes. Eh bien, il faut être de son époque, et on ne peut échapper à la contagion.

CHAPITRE III

VICTOR HUGO

Tout dans ma jeunesse semblait calculé pour m'éloigner du romantisme. Ceux qui m'entouraient ne parlaient que des grands classiques et je les voyais accueillir *la Lucrèce de Ponsard* comme une sorte de Minerve dont la lance devait mettre en déroute Victor Hugo et son ignoble équipage, dont ils ne parlaient qu'avec détestation.

Qui est-ce, je me demande, qui a eu l'heureuse idée de m'offrir, élégamment reliés, les premiers volumes des poèmes de Victor Hugo ? J'ai oublié de qui il s'agissait, mais je me souviens de la joie que me procuraient les vibrations de sa lyre. Jusqu'alors la poésie me paraissait quelque chose de froid, de respectable et de lointain, et c'est bien plus tard que la beauté vivante de nos classiques me fut révélée. Je me sentis tout de suite ému au plus profond, et comme mon tempérament est essentiellement musical en tout, je me mis à les chanter.

On m'a dit *ad nauseam* (et on me le dit encore) que les beaux vers sont hostiles à la musique, ou plutôt que la musique est hostile aux bons vers ; que la musique exige des vers ordinaires, de la prose rimée, plutôt que des vers, malléables et réductibles selon le souhait du compositeur. Cette généralisation est certes vraie, si la musique est d'abord écrite et ensuite adaptée aux paroles, mais ce n'est pas là l'harmonie idéale entre deux arts qui sont faits pour se compléter. Les passages rythmés et sonores des vers n'appellent-ils pas naturellement le chant pour les mettre en valeur, puisque chanter n'est qu'une meilleure manière de les déclamer ? J'ai fait quelques tentatives en ce sens et certaines de celles qui ont été conservées sont : *Puisque ici bas toute âme* , *Le Pas d'armes du roi Jean* et *La Cloche* . Ils furent ridiculisés à l'époque, mais destinés à connaître un certain succès par la suite. Ensuite j'ai continué avec *Si tu veux faire un rêve* , que Madame Carvalho a beaucoup chanté, *Soirée en mer* , et bien d'autres.

Plus je vieillissais, plus ma dévotion pour Hugo devenait grande. J'attendais avec impatience chaque nouvelle œuvre du poète et je la dévorais dès sa parution. Si j'entendais parler de moi les critiques méchantes des critiques irritants, je me consolais en discutant avec Berlioz qui m'honorait de son amitié et dont l'admiration pour Hugo égalait la mienne. Entre temps, mon éducation littéraire s'améliorait, je faisais la connaissance des classiques et j'y trouvais des beautés immortelles. Mon admiration pour les classiques n'a cependant pas diminué mon estime pour Hugo, car je n'ai jamais compris pourquoi c'était une infidélité de sa part de ne pas mépriser Racine. J'ai été heureux que ce soit mon avis, car j'ai vu les romantiques les plus fougueux, comme Meurice et Vacquerie, revenir dans leurs dernières années à Racine et réparer les maillons d'une chaîne d'or qui n'aurait jamais dû être brisée.

L'Empire tombe et Victor Hugo revient à Paris. J'allais donc avoir une chance de réaliser mon rêve de le voir et d'entendre sa voix ! Mais je redoutais de le rencontrer presque autant que je le souhaitais. Comme Rossini, Victor Hugo recevait tous les soirs ses amis. Il s'est avancé les deux mains tendues et m'a dit quel plaisir il avait de me voir chez lui. Tout tournait autour de moi !

«Je ne peux pas vous en dire autant», répondis-je. "J'aurais aimé être ailleurs." Il rit de bon cœur et montra qu'il savait vaincre ma timidité. J'attendais d'entendre une partie de la conversation qui, selon mes idées préconçues, serait dans le style de son dernier roman. Cependant, c'était complètement différent ; des phrases simples et raffinées, tout à fait logiques, sortaient de cette « bouche de mystère ».

J'allais le plus souvent possible aux soirées de Hugo, car je ne pouvais jamais me rassasier de la présence du héros de mes rêves de jeunesse. J'ai eu l'occasion de constater à quel point un fougueux républicain, un Juvénal moderne, dont les vers flétrissaient les « rois » comme au fer rouge, était, dans sa vie privée, sensible à leur flatterie. L'empereur du Brésil l'avait rendu visite et, le lendemain, il ne pouvait s'empêcher d'en parler sans cesse. Il l'appelait avec beaucoup d'ostentation « Don Pedro d'Alcantara ». En français, ce serait « M. Pierre du Pont. L'espagnol donne intrinsèquement des sonorités si fleuries aux noms ordinaires. Ce style fleuri n'est pas fréquent en français, et c'est précisément ce que Corneille et Victor Hugo ont réussi à lui donner.

Un léger incident modifia malheureusement mes relations avec le grand poète.

« Tant que Mlle. Bertin était vivant, me dit-il, je ne permettrais jamais qu'on mette en musique *La Esmeralda* ; mais si un musicien me demandait maintenant ce poème, je serais heureux de le lui donner.

L'invitation était évidente. Pourtant, comme chacun le sait, cette adaptation dramatique et lyrique de la célèbre romance n'est pas particulièrement heureuse. J'étais très gêné et je faisais semblant de ne pas comprendre, mais je n'osais plus retourner chez Hugo.

Les années ont passé. En 1881, une souscription fut souscrite pour ériger une statue à l'auteur de *La Légende des Siècles* et l'on commença à planifier des célébrations pour sa dédicace, notamment une grande fête au Trocadéro. Mon imagination s'enflamma à cette idée et j'écrivis mon *Hymne à Victor Hugo*.

Comme on le sait, le maître ne connaissait rien du tout à la musique, et il en était de même pour son entourage. C'est une question de conjecture que le maître et ses disciples aient pu prendre un motif absurde et informe pour l'une des inspirations sublimes de Beethoven. Victor Hugo a adapté les beaux vers de *Stella* à ce motif hésitant. Il fut publié en annexe aux *Châtiments* , avec une remarque sur l'union de deux génies, la fusion du vers d'un grand poète avec le vers *admirable* d'un grand musicien. Et le poète aurait Mme. Drouet joue de temps en temps cette merveilleuse musique au piano ! *Tristia Herculis* !

Comme je voulais mettre dans mon hymne quelque chose de particulier à Victor Hugo, qui ne pouvait être attribué à personne d'autre, j'ai essayé d'introduire ce motif qu'il affectionnait tant. Et, grâce à de nombreuses astuces que tout musicien a dans son sac, j'ai réussi à lui donner la forme et le caractère qui lui manquaient.

L'abonnement n'allait pas assez vite au gré du maître, et il le fit arrêter. Alors j'ai mis mon hymne dans un tiroir et j'ai attendu une meilleure opportunité.

C'est vers cette époque que M. Bruneau, le père du compositeur bien connu, eut l'idée de donner des concerts de printemps au Trocadéro. Bruneau est venu me voir et m'a demandé si j'avais un ouvrage inédit que je lui céderais. Ce fut une excellente occasion pour la présentation de mon *Hymne* , tel qu'il avait été écrit en pensant au Trocadéro. La représentation est décidée et Victor Hugo est invité à venir l'entendre.

La représentation était splendide : un grand orchestre, un orgue magnifique, huit harpes et huit trompettes faisant résonner leurs fioritures dans la tribune de l'orgue, et un grand chœur pour la péroraison d'une telle splendeur qu'on la comparait aux pièces montées à la fin d'un concert. spectacle de feux d'artifice. L'accueil et l'ovation que la foule fit au grand poète, qui apparaissait rarement en public, étaient au-delà de toute description. L'encens mielleux de l'orgue, des harpes et des trompettes était nouveau pour lui et plaisait à ses narines olympiennes.

«Dînez avec moi ce soir», me dit-il. Et à partir de ce jour, je dînais souvent avec lui de façon informelle avec M. et Mme. Lockrou, Meurice, Vacquerie et autres amis proches. Le repas était délicieux et sans prétention, et la conversation était la même. Le maître était assis au bout de la table, avec son petit-fils et sa petite-fille de chaque côté, disant peu mais toujours quelque chose à propos. Grâce à sa vigueur, sa voix forte et sonore et sa bonne humeur tranquille, il ne ressemblait pas à un vieil homme, mais plutôt à un être sans âge et immortel, que le Temps n'atteindrait jamais. Sa présence ressemblait suffisamment à celle de Jupiter pour inspirer le respect sans refroidir ses partisans. Ces petits rassemblements, que j'ai pleinement appréciés, comptent parmi les souvenirs les plus précieux de ma vie.

Le temps, hélas, passe, et cette belle intelligence, toujours intacte, commença à donner des signes d'aberration. Il dit un jour à une délégation italienne : « Les Français sont des Italiens ; les Italiens sont français. Les Français et les Italiens devraient aller ensemble en Afrique et fonder les États-Unis d'Europe.

Les rayons rouges du crépuscule annonçaient la nuit imminente.

Ceux qui les ont vus n'oublieront jamais ses grandioses cérémonies funéraires, ce cercueil sous l'Arc de Triomphe, recouvert d'un voile de crêpe, et cette foule immense qui rendait hommage au plus grand poète lyrique du siècle.

Il y avait un comité pour faire les préparatifs musicaux et j'en étais membre. Les idées les plus extraordinaires ont été proposées. Un homme voulait avoir la *Marseillaise* en mode mineur. Un autre voulait des violons, car « les violons font un excellent effet en plein air ». Naturellement, nous n'avons abouti à rien.

La grande procession commença dans un ordre parfait, mais, comme dans toutes les longues processions, des interruptions se produisirent. J'ai été étonné de me retrouver au milieu des Champs Elysées, dans un grand espace, sans personne près de moi si ce n'est Ferdinand de Lesseps, Paul Bert et un académicien dont je ne citerai pas le nom car il est digne de tout le respect possible.

De Lesseps était alors au faîte de sa gloire, et de temps en temps des applaudissements le saluaient à son passage.

Soudain, l'académicien se pencha et me murmura à l'oreille :

"De toute évidence, ils nous applaudissent."

CHAPITRE IV

L'HISTOIRE D'UN OPÉRA-COMIQUE

Les jeunes musiciens se plaignent souvent, non sans raison, des difficultés de leur carrière. Il serait peut-être utile de leur rappeler que leurs aînés n'ont pas toujours eu des lits de roses, et qu'ils ont trop souvent dû affronter le vent et la mer après avoir passé leurs plus belles années au port, sans pouvoir démarrer. Ces obstacles sont souvent le résultat de la pire espèce de malignité, alors qu'il est dans l'intérêt de tous, des théâtres qui les repoussent et du public qui les ignore, qu'on leur permette de partir toutes voiles dehors.

En 1864, une des revues les plus brillantes faisait à ce sujet les commentaires suivants :

Notre véritable devoir — et c'est une vraie gentillesse — n'est pas de les encourager (les débutants) mais de les décourager. En art, une vocation est tout, et une vocation n'a besoin de personne, car Dieu y aide. À quoi sert-il de les encourager, ainsi que leurs efforts, alors que le public refuse obstinément de leur prêter la moindre attention ? Si un acte est ordonné à l'un d'eux, il échoue. Deux ou trois ans plus tard, on retente la même chose, avec le même résultat. Aucun théâtre, même s'il était quatre fois plus subventionné que le Théâtre-Lyrique, ne pourrait continuer d'exister avec de telles ressources. Résultat : ils se tournent vers des talents reconnus et font appel à des hommes extérieurs comme Gounod, Félicien David ou Victor Massé. Les jeunes compositeurs crient aussitôt à la trahison et au scandale. Ensuite, ils sélectionnent des chefs-d'œuvre de Mozart et de Weber et ce sont les mêmes cris et récriminations. En fin de compte, où sont ces jeunes compositeurs de génie ? Qui sont-ils et quels sont leurs noms ? Qu'ils aillent à l'orchestre et entendent *Les Noces de Figaro*, *Obéron*, *Freischutz* et *Orphée* ... nous faisons quelque chose pour eux en leur plaçant de tels modèles.

Parmi les jeunes compositeurs ainsi poliment invités à s'asseoir figurent, entre autres, Bizet, Delibes, Massenet et l'auteur de ces lignes. Massenet et moi nous serions contentés d'écrire un ballet pour l'Opéra. Il a proposé L'*Attrape-rats* tiré d'un vieux conte allemand, tandis que moi, j'ai proposé *Une nuit de Cléopâtra* sur le texte de Théophile Gautier. Ils nous refusèrent cet honneur, et, lorsqu'ils consentirent à commander un ballet à Delibes, ils n'osèrent pas lui confier l'œuvre entière. Ils ne lui laissèrent jouer qu'un seul acte et l'autre fut confié à un compositeur hongrois. L'expérience réussissant, ils permirent à Delibes d'écrire, sans aide, sa merveilleuse *Coppélia* . Mais Delibes avait l'ambition légitime d'écrire un grand opéra. Il n'est jamais arrivé aussi loin.

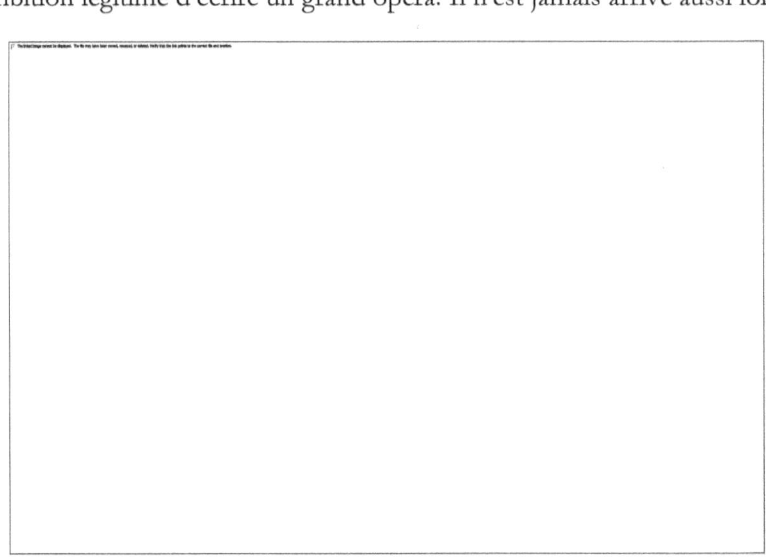

L'Opéra de Paris

Bizet et moi étions de grands amis et nous nous racontions tous nos ennuis. « Tu es moins malheureux que moi », me disait-il. « Vous pouvez faire autre chose que des choses pour la scène. Je ne peux pas. C'est ma seule ressource.

Lorsque Bizet enfile les délicieux *Pêcheurs de Perles* — il est aidé par de puissantes influences —, il y a eu un tollé général et une explosion d'injures. Le Diable lui-même tout droit sorti de l'Enfer n'aurait pas reçu un plus mauvais accueil. Plus tard, comme nous le savons, *Carmen* fut reçue de la même manière.

J'étais en effet capable de faire autre chose que du travail pour la scène, et c'est justement cela qui m'a fermé la scène. J'étais symphonique, organiste et pianiste, alors comment pourrais-je être capable d'écrire un opéra ! Les qualités qui font un pianiste étaient particulièrement mal vues dans le greenroom. Bizet jouait admirablement du piano, mais il n'osait jamais jouer en public de peur d'aggraver sa situation.

J'ai proposé à Carvalho d'écrire un *Macbeth* pour Madame Viardot. Naturellement, il préféra jouer *le Macbeth de Verdi* . Ce fut un échec total et lui coûta trente mille francs.

On essaya d'intéresser à ma faveur une certaine princesse, mécène des arts. « Quoi, répondit-elle, n'est-il pas satisfait de sa position ? Il joue de l'orgue à la Madeleine et du piano chez moi. Cela ne lui suffit-il pas ?

Mais cela ne me suffisait pas, et pour surmonter les obstacles, j'ai fait scandale. A vingt-huit ans, j'ai concouru pour le *Prix de Rome* ! On ne me l'a pas donné sous prétexte que je n'en avais pas besoin, mais le lendemain de la remise du prix, Auber, qui m'aimait beaucoup, a demandé à Carvalho un livret pour moi. Carvalho m'a donné *Le Timbre d'Argent* dont il ne savait que faire car plusieurs musiciens avaient refusé d'y toucher. Il y avait de bonnes raisons à cela : malgré une excellente base musicale, le livret présentait de sérieux défauts. J'ai exigé que Barbier et Carré, les auteurs, fassent des changements importants, ce qu'ils ont fait immédiatement. Puis, je me retirai sur les hauteurs de Louveciennes et écrivis en deux mois la partition des cinq actes que comportait d'abord l'ouvrage.

J'ai dû attendre deux ans avant que Carvalho consente à entendre la musique. Finalement, épuisés par mes importunités, ils décidèrent de se débarrasser de moi, alors Carvalho m'invita à dîner avec lui et à apporter ma partition. Après le dîner, je suis allé au piano. Carvalho était d'un côté et Madame Carvalho de l'autre. Tous deux étaient très agréables et charmants, mais le véritable sens de cette convivialité ne m'a pas échappé.

Ils n'avaient aucun doute sur ce qui les attendait. Tous deux aimaient beaucoup la musique et peu à peu ils tombèrent sous le charme. À la fausse amitié succéda une attention sérieuse. A la fin, ils étaient enthousiastes. Carvalho a déclaré qu'il ferait commencer l'étude de l'ouvrage le plus tôt possible ; c'était un chef-d'œuvre ; cela aurait un grand succès, mais pour assurer ce succès, il faut que Madame Carvalho chante le rôle principal.

Or le rôle principal du *Timbre d'Argent* est celui d'un danseur et celui du chanteur est très secondaire. Pour remédier à cela ils décidèrent de développer la pièce. Barbier a inventé une jolie situation pour introduire le passage *Bonheur est choisi legère* , mais cela ne suffisait pas. Barbier et Carré se sont creusé la tête sans trouver de solution à la difficulté, car sur scène comme ailleurs il y a des problèmes qui ne peuvent être résolus.

Entre temps, ils essayaient de trouver un danseur de premier ordre. Finalement, ils en trouvèrent une qui venait de quitter l'Opéra, quoique encore au faîte de sa beauté et de son talent. Et ils cherchaient toujours le moyen de rendre le rôle d'Hélène digne de Madame Carvalho.

Le célèbre réalisateur avait une manie. Il voulait collaborer à chaque œuvre qu'il mettait en scène. Même une œuvre consacrée par le temps et le succès devait porter sa marque ; Ses raisons d'interpoler dans une nouvelle œuvre étaient bien plus grandes. Il annonçait brusquement qu'il fallait changer la période ou le pays dans lequel se déroulait l'action de l'œuvre. Il nous a longtemps tourmenté pour faire du danseur un chanteur au nom de sa femme. Plus tard, il voulut introduire un deuxième danseur. A l'exception du prologue et de l'épilogue, l'action de la pièce se déroule dans un rêve, et il se charge d'inventer les combinaisons les plus bizarres. Il m'a même proposé un jour de lui faire découvrir des animaux sauvages. Une autre fois, il voulut supprimer toute la musique, à l'exception des chœurs et de la partie du danseur, et faire jouer le reste par une troupe dramatique. Plus tard, alors qu'ils répétaient Hamlet à l'Opéra et que le bruit courait que Mlle. Nilsson allait jouer une scène d'eau, il voulait que Madame Carvalho aille au fond d'une piscine pour retrouver la cloche fatale.

Une telle folie a duré deux ans.

Finalement, nous avons abandonné l'idée de Mme. La coopération de Carvalho. Le rôle d'Hélène a été confié à la belle Mlle. Schroeder et les répétitions commencèrent. Ils furent interrompus par l'échec du Théâtre-Lyrique.

Peu après, Perrin demande *Le Timbre d'Argent* pour l'Opéra. L'adaptation de l'œuvre pour la grande scène de l'Opéra a nécessité d'importantes modifications. L'ensemble du dialogue a dû être mis en musique et les auteurs se sont mis au travail. Perrin nous a donné Madame Carvalho pour Hélène et Faure pour Spiridion, mais il a voulu burlesque le rôle du ténor et le confier à Mlle. Wertheimber. Il voulait l'engager et n'avait pas d'autre rôle pour elle. C'était impossible. Après plusieurs discussions, Perrin céda aux refus obstinés des auteurs, mais je vis bien à son attitude qu'il ne jouerait jamais notre œuvre.

C'est à cette époque que du Locle reprend la direction de l'Opéra-Comique. Il vit que Perrin, qui était son oncle, avait décidé de ne pas monter *Le Timbre d'Argent* et me le demanda.

Cela signifiait une autre métamorphose pour l'œuvre et un travail nouveau et considérable pour le musicien. Et ce travail n'était en aucun cas facile. Jusqu'alors Barbier et Carré étaient des amis aussi proches qu'Oreste et Pylade, mais ils se disputent désormais. Ce que l'un proposait, l'autre le refusait systématiquement. L'un vivait à Paris ; l'autre à la campagne. Je suis allé de Paris à la campagne et de la campagne à Paris pour essayer de mettre d'accord ces frères en guerre. Ce va-et-vient dura tout l'été, puis les ennemis temporaires s'entendirent et devinrent toujours aussi amicaux.

Nous semblions être presque au bout de nos ennuis. Du Locle avait trouvé en Italie une merveilleuse danseuse sur laquelle nous comptions, mais il s'est avéré que cette danseuse n'en était pas du tout. Elle était *mime* et ne dansait pas.

Comme cette saison-là, je n'avais pas le temps de chercher un autre danseur, le Locle, pour me faire patienter, me fit écrire avec Louis Gallet *La Princesse Jaune* , avec qui je fis mes débuts sur scène. J'avais trente-cinq ans ! Ce petit ouvrage inoffensif fut accueilli avec la plus féroce hostilité. « Il est impossible de dire », écrivait Jouvin, critique très redouté de l'époque, « dans quelle tonalité ou à quelle époque est écrite l'ouverture ». Et pour me montrer à quel point j'avais tort, il m'a dit que le public était « un composé d'angles et d'ombres ». Sa prose était certainement plus obscure que ma musique.

Finalement, une vraie danseuse s'est engagée en Italie. Il semblait que rien de plus ne pouvait empêcher l'apparition du malheureux *Timbre*. «Je n'arrive pas à y croire», dis-je. "Une catastrophe nous découragera encore."

La guerre est arrivée !

Cette effroyable crise terminée, la danseuse fut réengagée. Les rôles furent lus aux artistes et, le lendemain, Amédé Achard abandonna son rôle, déclarant qu'il appartenait au grand opéra et qu'il dépassait les pouvoirs d'un ténor d'opéra-comique. On sait qu'il termina sa carrière à l'Opéra.

Il fallait trouver un autre ténor, mais les ténors sont des oiseaux rares et nous n'avons pas pu en trouver un. Pour faire appel au danseur qu'il avait engagé du Locle, Gallet et Guiraud improvisèrent un petit numéro, *Le Kobold*, qui rencontra un grand succès. La danseuse était exquise. Puis du Locle se désintéresse *du Timbre d'Argent* puis survient l'échec de l'Opéra-Comique.

Pendant toutes ces tribulations, je préparais *Samson*, même si je ne trouvais personne qui voulait m'entendre en parler. Ils pensaient tous que je devais être fou pour aborder un sujet biblique. J'ai fait entendre le deuxième acte chez moi, mais personne ne l'a compris du tout. Sans l'aide de Liszt, qui n'en connaissait aucune note, mais qui m'a engagé pour l'achever et le monter à Weimar, *Samson* n'aurait jamais vu le jour. Il fut ensuite refusé successivement par Halanzier, Vaucorbeil, Ritt et Gailhard, qui ne décidèrent de l'accepter qu'après l'avoir entendu chanter par cette admirable chanteuse Rosine Bloch.

Mais revenons au *Timbre d'Argent*. J'étais de nouveau dans la rue avec mon score sous le bras. C'est à cette époque que Vizentini relança le Théâtre-Lyrique. Sa première pièce fut *Paul et Virginie*, un merveilleux succès, et il préparait pour la fin de la saison une autre œuvre qui lui plaisait. On était bienveillant envers moi au ministère des Beaux-Arts et on s'intéressait à mes malheurs. Alors ils ont donné une petite subvention au Théâtre-Lyrique à condition qu'il joue mon œuvre. Je suis arrivé au théâtre comme quelqu'un qui s'en mêle et j'ai vite reconnu les inconforts de ma position. D'abord, il y a eu la recherche d'un chanteur ; puis, pour un ténor, et ils en essayèrent plusieurs sans succès. Je trouvai un ténor qui, selon tous les rapports, était du premier rang, mais, après plusieurs jours de négociations, l'affaire fut abandonnée. J'ai appris plus tard de l'artiste que le directeur avait l'intention de l'engager pour seulement quatre représentations, prévoyant évidemment que l'œuvre ne serait jouée que quatre fois.

Le choix s'est finalement porté sur Blum. Il avait une belle voix et était un chanteur parfait mais pas un acteur. En effet, il a dit qu'il ne voulait pas être acteur ; son idéal était d'apparaître avec des gants blancs. Chaque jour apportait de nouvelles querelles. Ils ont fait des coupes malgré mes souhaits ; ils me laissaient à la merci de l'insubordination et de l'impolitesse du régisseur et du maître de ballet, qui n'écoutaient pas mes plus modestes suggestions. J'ai dû payer moi-même le coût des musiciens supplémentaires dans les coulisses. Certaines mises en scène que je souhaitais pour le prologue ont été déclarées impossibles — je les ai vues depuis dans les *Contes d'Hoffman* .

De plus, l'orchestre était très ordinaire. Il devait y avoir de nombreuses répétitions qu'ils ne me refusèrent pas, mais ils en profitèrent pour faire courir le bruit que ma musique était injouable. Un jeune journaliste encore en vie (je ne le nommerai pas) a rédigé deux préavis destinés à préparer l'échec de mon travail.

Au dernier moment, le réalisateur comprit qu'il avait fait fausse route et qu'il pourrait réussir. Comme on avait joué la féerie au théâtre de la place des Arts-et-Métiers, il avait sous la main tout le matériel nécessaire pour me fournir un décor luxueux sans grandes dépenses. Mlle. Caroline Salla a obtenu le rôle d'Hélène. Avec sa beauté et sa voix magnifique, elle était certainement remarquable. Mais les passages qui avaient été écrits pour la soprano légère de Madame Carvalho étaient mal adaptés pour une soprano dramatique. Ils ont donc conclu que je ne savais pas écrire de la musique vocale.

L'œuvre connut malgré tout un succès marqué, résultat naturel d'une splendide représentation dans laquelle deux stars, Melchissedech et Mlle. Adeline Théodore, actuellement professeur de danse à l'Opéra, a brillé.

Pauvre Vizentini ! Son opinion à mon égard a beaucoup changé depuis. Nous avons été faits pour nous comprendre et nous aimer, c'est pourquoi il est devenu, au fil des années, l'un de mes meilleurs et plus dévoués amis. Il a d'abord créé mon ballet *Javotte* au Grand-Théâtre de Lyon, que la Monnaie de Bruxelles avait commandé puis refusé. Il rêvait de diriger l'Opéra-Comique et d'y installer *Le Timbre d'Argent* . Le destin en a voulu autrement.

Nous avons vu comment la jeune école française était encouragée sous l'Empire. La situation s'est améliorée et l'ancien état de choses n'est jamais revenu. Mais on retrouve bien plus que l'analogie entre l'ancien point de vue et celui qui s'est révélé il n'y a pas si longtemps lorsque les musiciens français se plaignaient d'être plus ou moins sacrifiés au profit de leurs contemporains étrangers. Au fond, c'est le même esprit sous une forme modifiée.

Pour reprendre. Comme chacun le sait, pour devenir forgeron, il faut travailler dans une forge. S'asseoir à l'ombre ne donne pas l'expérience qui développe le talent. Nous n'aurions jamais connu les grands jours du théâtre italien, si Rossini, Donizetti, Bellini et Verdi avaient dû subir notre régime. Si

Mozart avait dû attendre quarante ans pour produire son premier opéra, nous n'aurions jamais eu *Don Giovanni* ou *Les Noces de Figaro* , car Mozart est mort à trente-cinq ans.

La politique imposée à Bizet et à Delibes nous a certainement privé de plusieurs œuvres qui feraient désormais partie des gloires du répertoire de l'Opéra et de l'Opéra-Comique. C'est un malheur irréparable ; une situation que nous ne saurions suffisamment déplorer.

CHAPITRE V

LOUIS GALLET

Alors que *Déjanire* , interprété sous une forme nouvelle, apparaît de nouveau dans le vaste cadre de la scène de l'Opéra, il me sera permis de rappeler mes souvenirs de mon ami et collaborateur Louis Gallet, le compagnon assidu et choisi de mes meilleures années, dont le soutien m'était si cher et si précieux. La collaboration pour une raison que je ne connais pas est obsolète. L'opéra, dit-on, devrait jaillir du cerveau comme Minerve, tout armé. Tant mieux si de tels intellects divins peuvent être trouvés, mais ils sont rares et le seront toujours. Car l'art dramatique et littéraire, d'une part, et l'art musical, d'autre part, exigent des pouvoirs différents, qu'on ne trouve pas ordinairement chez la même personne.

J'ai rencontré Louis Gallet pour la première fois en 1871. Camille du Locle, qui était alors directeur de l'Opéra-Comique, ne pouvait pas monter *Le Timbre d'Argent* , et en attendant des jours meilleurs, qui ne sont jamais venus, pour le faire , il m'a proposé une œuvre en un acte. Il me proposa Louis Gallet comme collaborateur, alors que je ne le connaissais pas jusque-là. «Vous avez été fait pour vous comprendre», m'a-t-il dit. Gallet était alors employé en quelque sorte à l'hôpital Beaujon et habitait près de chez moi, faubourg Saint-Honoré. Nous avons vite pris l'habitude de nous voir tous les jours. Du Locle avait bien jugé. Nous avions les mêmes goûts en matière d'art et de littérature. Nous étions également opposés à ce qui est trop théâtral, mais aussi à tout ce qui ne l'est pas assez, au banal et au trop extravagant. Nous méprisions tous les deux les succès faciles et nous nous comprenions à merveille. Gallet n'était pas musicien, mais il aimait et comprenait la musique, et il critiquait avec un rare bon goût.

Le Japon s'est récemment ouvert aux Européens. Le Japon était à la mode ; ils ne parlaient que du Japon, c'était un véritable engouement. L'idée d'écrire une pièce japonaise nous est alors venue. Nous avons soumis l'idée à du Locle, mais il avait peur d'une mise en scène entièrement japonaise. Il voulait qu'on adoucisse la partie japonaise, et c'est lui, je pense, qui a eu l'idée de la faire moitié japonaise, moitié hollandaise, à la manière de la fonte de la petite pièce *La Princesse Jaune* .

Ce n'était qu'un début et dans nos discussions quotidiennes nous avons esquissé les projets les plus audacieux. Les grands concerts de l'époque ne rechignaient pas à interpréter de grandes œuvres vocales, comme ils le font trop souvent aujourd'hui, au grand détriment de la variété de leurs programmes. On pensait alors que nous étions au début de la prospérité de l'oratorio français qui n'avait besoin que d'encouragements pour s'épanouir. J'ai lu par hasard dans une vieille Bible cette merveilleuse phrase,

« Et le Seigneur se repentit d'avoir fait l'homme sur la terre », et je proposai donc à Gallet de faire un Déluge. Au début, il voulait présenter des personnages. « Non », ai-je répondu, « mettez le récit biblique en vers simples et je ferai le reste. » On sait avec quel soin et avec quel succès il accomplit sa délicate tâche. Parallèlement, il confie à Massenet les textes de *Marie-Madeleine* et *du Roi de Lahore* , et ces deux œuvres font grand bruit dans le monde de l'opéra.

Nous rêvions d'opéra historique, car nous n'avions aucun préjugé contre cette forme de drame qui afflige l'école actuelle. Mais je n'étais pas *persona grata* auprès des régisseurs et je ne savais à quelle porte frapper, lorsqu'un de mes amis, Aimé Gros, prit la direction du Grand-Théâtre de Lyon et me demanda une œuvre. C'était une belle opportunité et nous l'avons saisie. Nous avons monté, difficilement mais avec un entrain infini, notre opéra historique, *Etienne Marcel* , dans lequel Louis Gallet s'est efforcé de respecter autant qu'il est possible dans une œuvre théâtrale les faits historiques. Malgré des exemples illustres du contraire, il ne croyait pas qu'il soit légitime d'attribuer à un personnage ayant réellement vécu des actes et des opinions entièrement fantaisistes. J'étais entièrement d'accord avec lui sur ce point, comme sur bien d'autres choses. Je vais encore plus loin et je n'arrive pas à m'habituer aux sauces bizarres dans lesquelles on sert souvent des personnages légendaires. Il me semble que c'est la légende qui est intéressante, et non le personnage, et que ce dernier perd toute sa valeur lorsque la légende qui l'entoure est détruite. Mais tout le monde sait que je suis un excentrique.

Quelque temps après mon *Henri VIII* , dans lequel Vaucorbeil m'avait imposé un autre collaborateur, Ritt me demanda une nouvelle œuvre. Nous cherchions un sujet, lorsque Gallet vint chez moi et, timidement, comme s'il craignait une rebuffade, me proposa *Benvenuto Cellini* . J'y avais pensé depuis longtemps, et l'idée m'était venue de mettre en musique ce beau drame, qui avait eu ses heures de gloire, où Mélingue modelait la statue d'Hébé devant le peuple. J'ai donc accepté la suggestion avec plaisir. Cette entreprise me mit en contact avec Paul Meurice, que j'avais connu dans mon enfance, lorsqu'il courtisait Mlle. Granger, sa première femme et une amie intime de ma mère. Paul Meurice m'a révélé un secret : que le roman *Ascanio* , attribué à Alexandre Dumas, avait été entièrement écrit par Meurice. L'œuvre rencontra un grand succès et, par gratitude, Dumas proposa d'aider Meurice à construire un drame à partir du roman, qui devait être signé par Meurice seul. Il est donc facile pour celui qui connaît les drames de Dumas de retrouver des traces de son œuvre chez *Benvenuto Cellini* .

Il n'était pas particulièrement facile de faire de cette pièce un opéra, et Gallet et moi y avons travaillé ensemble avec beaucoup de difficulté. On s'est vite aperçu qu'il faudrait éliminer la fameuse scène du moulage de la statue. Quand nous arrivâmes à ce point de la pièce, Benvenuto avait déjà beaucoup chanté, et cette scène, avec sa violence, paraissait certaine de dépasser les forces du plus vaillant artiste. A propos de notre *Proserpine*, on m'a accusé de supposer que Vacquerie avait du génie. Ce serait trop dire qu'il avait du génie, mais il avait certainement un grand talent. Sa prose était d'un raffinement classique et sa poésie, malgré des passages fantastiques que personne ne pouvait admirer, avait un ton sonore, contenait des matériaux précieux, était à la fois intéressante et très personnelle. Ce qui m'a séduit dans *Proserpine,* c'est la quantité d'émotion intérieure qu'il y avait dans le drame, ce qui est très avantageux pour la musique. La musique exprime des sentiments que les personnages ne peuvent exprimer, elle accentue et développe le pittoresque de la pièce ; elle rend acceptable ce qui n'existerait même pas sans elle.

Vacquerie approuva hautement la scène conventuelle inventée par Gallet. Cela a introduit une note calme et paisible au milieu de la violence de l'œuvre originale. Gallet a écrit un sonnet en vers alexandrins pour la déclaration d'amour de Sabatino. Je ne pouvais pas mettre cela en musique, car les douze pieds me gênaient et m'empêchaient d'avancer dans ma foulée. Comme je ne savais que faire d'autre, j'ai pris le sonnet et j'ai réduit de force le vers à dix pieds avec une césure au cinquième pied. J'en ai parlé à mon cher collaborateur avec crainte et tremblement et, comme je l'avais craint, il est immédiatement tombé dans les profondeurs du désespoir.

"C'était la meilleure chose dans mon travail", a-t-il déclaré. "J'ai nourri et caressé ce sonnet, et maintenant vous l'avez gâché."

Face à ce désespoir, j'ai pris mon courage à deux mains. Comme j'avais auparavant coupé le couplet, j'ai maintenant essayé d'allonger la musique. Ensuite, j'ai chanté les deux versions au poète inconsolable.

Et quel miracle ! Il était tout à fait réconcilié, approuvait les deux versions et ne savait laquelle choisir. Nous avons fini par un patchwork. Les deux quatrains sont en vers de dix pieds, et les deux tiercettes en mètre alexandrin.

En dehors de notre travail aussi, nos relations étaient agréables. Nous nous écrivions constamment en prose et en vers ; nous nous bombardions de sonnets ; ses lettres étaient parfois ornées d'aquarelles, car il dessinait très bien et une de ses joies était de recouvrir de couleurs le papier blanc. Gallet a dessiné les croquis du désert *du Roi de Lahore* et du cloître de *Proserpine* .

Lorsque Madame Adam fonda la *Nouvelle Revue,* elle me proposa le poste de critique musical, ce que je ne croyais pas devoir accepter. Elle ne savait pas vers qui se tourner. « Prenez Gallet », lui ai-je conseillé. « C'est un homme de lettres accompli. Ce n'est pas un musicien au sens où il a étudié la musique, mais il a une âme de musicien, qui vaut bien plus. » Madame Adam suivit mon conseil et le trouva bon.

A cette époque, sous couvert de wagnérisme, les théories les plus folles et les affirmations les plus extravagantes étaient courantes dans la critique musicale. Gallet était naturellement posé et indépendant et il ne faisait pas comme les autres. Au lieu de cela, il s'y opposa, mais, ne voulant pas offenser inutilement, il fit preuve d'un tact et d'une discrétion remarquables dans ses critiques. Cela ne lui servit cependant à rien, car cela ne suscitait aucun sentiment de gratitude, et sans lui reconnaître un style littéraire rare chez les librettistes, ses contemporains reçurent chacune de ses œuvres avec une hostilité totalement dépourvue de justice et de miséricorde. Gallet ressentait vivement cette hostilité. Il sentait qu'il ne le méritait pas, tant il prenait soin de son travail et mettait tant de courtoisie dans ses critiques. Le vers blanc qu'il utilisait dans *Thaïs* avec un respect admirable pour la couleur et l'harmonie, comptant sur la musique pour remplacer la rime, n'était pas apprécié. Ce vers était exempt de l'assonance et des banalités qu'il entraîne dans les œuvres d'opéra, mais il gardait le rythme et la sonorité qui sont bien éloignés de la prose. C'était l'époque où l'on ne faisait que louer le charabia d'Alfred Ernst, même si c'était une insulte à la fois à la langue française et aux chefs-d'œuvre qu'il avait la témérité de traduire. Gallet a utilisé le même vers blanc dans *Déjanire* , même si son utilisation ici était plus discutable, mais il l'a manié avec une habileté surprenante. Maintenant que ce texte est mis en musique, il montre toute sa beauté.

Louis Gallet consacre une grande partie de son temps aux tâches administratives, puisqu'il est successivement trésorier et directeur d'hôpitaux. Il a néanmoins produit des œuvres en abondance. Il a laissé un registre de pas moins de quarante livrets d'opéra, pièces de théâtre, romans, mémoires, brochures et d'innombrables articles. J'aurais aimé savoir quoi dire de l'homme lui-même, de sa bonté infatigable, de sa loyauté, de son scrupule, de sa bonne humeur, de son originalité, de son bon sens continu et de son intellect attentif à tout ce qui est inhabituel et intéressant.

Que de bonnes causeries nous avions en dînant sous une tonnelle dans le grand jardin qui faisait ses délices à Lariboisière ! Je lui apportais des graines et il en faisait d'amusantes expériences botaniques.

Il fut gravement malade à une époque de sa vie. Il fut merveilleusement soigné par sa femme, qui était une sainte, et il endura des souffrances prolongées et atroces avec une patience de sainte. Il observait l'évolution de sa maladie mortelle avec un stoïcisme digne des sages de l'Antiquité et il ne se faisait aucune illusion sur la maladie implacable qui entraînerait lentement mais sûrement sa mort prématurée. Une surdité sans cesse croissante était son plus grand problème. Cette cruelle infirmité avait fait d'effroyables progrès lorsque, en 1899, les Arènes de Béziers ouvrirent pour la seconde fois ses portes à *Déjanire* . Malgré tout, y compris sa mauvaise santé qui rendait le voyage très pénible, il souhaitait revoir son œuvre. Il n'entendit pourtant rien, ni les artistes, ni les chœurs, ni même les applaudissements des quelques milliers de spectateurs qui le rappelaient avec enthousiasme. Un peu plus tard, il s'éteignit, laissant dans le cœur de ses amis et sur les tables de travail de ses collaborateurs un vide qu'il est impossible de combler.

La première représentation de *Déjanire* aux Arènes de Béziers

CHAPITRE VI

HISTOIRE ET MYTHOLOGIE À L'OPÉRA

Des océans d'encre ont été versés lors des débats sur la question de savoir si les sujets des opéras devaient être tirés de l'histoire ou de la mythologie, et la question est toujours d'actualité. À mon avis, il aurait été préférable que la question n'ait jamais été posée, car la réponse importe peu. La seule chose qui compte est de savoir si la musique est bonne et si le travail est intéressant. Mais *Tannhauser*, *Lohengrin*, *Tristan* et *Siegfried* apparurent et la question surgit. Les héros de la mythologie, nous dit-on, sont investis d'un prestige que les personnages historiques ne pourront jamais avoir. Leurs actes perdent de leur signification et à leur place on retrouve leurs sentiments, leurs émotions, au grand bénéfice des opéras. Mais après ces œuvres apparaît *Hans Sachs* (Die Meistersinger) qui, bien qu'il ne soit pas du tout mythique, n'en demeure pas moins une belle figure. Mais dans ce cas, l'intrigue importe peu, car l'intérêt réside surtout dans les émotions, seules, semble-t-il, que la musique, avec son langage divin, devrait exprimer.

Il est vrai que la musique permet de simplifier l'action dramatique et donne également la possibilité à la libre expression et au jeu des sentiments, des émotions et des passions. De plus, la musique rend possibles des scènes pantomimiques qui ne pourraient être réalisées autrement, et la musique elle-même s'écoule plus facilement dans de telles conditions. Mais cela ne veut pas dire que de telles conditions soient indispensables à la musique. La musique, dans sa flexibilité et son adaptabilité, offre des ressources inépuisables. Donnez à Mozart un conte de fées comme la *Flûte enchantée* ou une comédie vivante comme *Les Noces de Figaro* et il crée sans effort un chef-d'œuvre immortel.

La question est de savoir s'il existe une différence essentielle entre l'histoire et la mythologie. L'histoire est composée de ce qui s'est probablement passé ; mythologie de ce qui ne s'est probablement pas produit. Il y a des mythes dans l'histoire et de l'histoire dans les mythes. La mythologie n'est que l'ancienne forme de l'histoire. Chaque mythe est enraciné dans la vérité. Et il faut chercher cette vérité dans la fable, tout comme on tente de reconstituer des animaux disparus à partir des restes que le temps nous a conservés. Derrière l'histoire de Prométhée, nous voyons l'invention du feu ; derrière les amours de Cérès et de Triptolème l'invention de la charrue et les débuts de l'agriculture. Les aventures des Argonautes nous montrent les premières tentatives de voyages d'exploration et de découverte de mines d'or. Des volumes ont été écrits sur les vérités qui se cachent derrière les fables, et des explications ont été trouvées pour les faits les plus étranges de la mythologie, même pour les métamorphoses qu'Ovide a décrites avec tant de poésie.

A mi-chemin entre histoire et mythologie se trouvent les écrits sacrés. Chaque race a la sienne. Les nôtres sont l'Ancien et le Nouveau Testament. Beaucoup pensent que ces livres sont des mythes ; un plus grand nombre — les Croyants — qu'ils sont l'Histoire, l'Histoire Sacrée, la seule vraie histoire, la seule sur laquelle il n'est pas permis d'exprimer un doute. Si vous voulez une preuve de cela, rappelez-vous qu'il n'y a pas si longtemps, un ecclésiastique de l'Église d'Angleterre a été censuré par ses supérieurs ecclésiastiques pour avoir osé dire dans un sermon que le Serpent dans le jardin d'Eden était symbolique et non une créature réelle. .

Et les autorités ecclésiastiques avaient raison. La base du christianisme est la Rédemption – l'incarnation et le sacrifice de Dieu lui-même pour effacer la tache du premier grand péché et aussi pour ouvrir le Royaume des Cieux aux hommes. Ce péché originel fut la chute d'Adam, lorsqu'il suivit l'exemple d'Ève, victime des conseils perfides du Serpent, et désobéit au commandement de ne pas goûter au Fruit défendu. Éliminez le jardin d'Éden, le Serpent, le Fruit défendu et tout le tissu du christianisme s'effondrera.

Si nous nous tournons vers l'histoire profane et prenons n'importe quel ouvrage historique, nous constatons que les faits sont racontés de telle manière qu'ils nous semblent incontestables. Mais si nous voyons les mêmes faits sous la plume d'un autre historien, nous ne les reconnaissons plus. La raison en est qu'un écrivain n'entreprend presque jamais de lutter contre le géant de l'Histoire, à moins qu'il n'y soit poussé par une idée préconçue, par une conception générale ou par un système qu'il veut établir. Et qu'il le veuille ou non, il voit les faits sous un jour favorable à son idée préconçue, et les observe à travers des prismes qui augmentent ou diminuent à son gré leur importance. Alors, quel que soit son discernement et son désir d'atteindre la vérité, il est douteux qu'il y parvienne un jour. Dans l'histoire comme ailleurs, la vérité absolue échappe à l'humanité. Louis XIV, Louis XV, Madame de Maintenon, Madame de Pompadour, Louis XVI, voire Napoléon et Joséphine, si proches de nous, sont déjà des personnages quasi mythiques. Le Louis XIII de *Marion de Lorme* semblait encore très récemment exact, mais des découvertes récentes nous montrent qu'il était tout autre.

Napoléon III n'a régné qu'hier, mais son tableau est déjà peint de différentes teintes. Toute ma jeunesse s'est passée sous son règne et mes souvenirs ne le représentent ni comme le monstre dépeint par Victor Hugo ni comme le gentil souverain sympathique des contes actuels.

On a beaucoup discuté des causes qui ont provoqué la guerre de 1870. Nous savons tout ce qui s'est dit et fait pendant les derniers jours de cette crise, mais saura-t-on un jour ce qui se cachait dans l'esprit des souverains ? les ministres et les ambassadeurs ? Saura-t-on un jour si l'Empereur a provoqué Gramont ou Gramont l'Empereur ? Se connaissaient-ils eux-mêmes ? Il y a une chose que l'historien le plus perspicace ne pourra jamais atteindre : les profondeurs de l'âme humaine.

Nous pouvons cependant apprendre les secrets du tombeau. On a longtemps affirmé que les restes de Voltaire et de Rousseau avaient été exhumés, profanés et jetés dans les égouts. Victor Hugo en a écrit un merveilleux récit, un récit tel que lui seul pouvait en écrire. Un beau jour, le doute surgit de façon inattendue à propos de cet événement. Après une longue attente, il fut décidé d'entrer dans le vif du sujet et on ouvrit enfin les cercueils des deux grands hommes. Ils dormaient paisiblement leur dernier sommeil. L'acte n'a jamais eu lieu ; son histoire était un mythe.

On peut citer à ce propos la crédulité de Victor Hugo, car elle était étonnante chez un homme au génie aussi colossal. Il croyait aux choses les plus incroyables, comme « l'Homme au masque de fer », le frère jumeau de Louis XIV ; chez la pieuvre qui n'a pas de bouche et se nourrit par ses bras ; et dans la réalité des sirènes japonaises que l'on disait que les Japonais fabriquaient à partir d'un singe et d'un poisson. Il avait une certaine excuse pour les sirènes puisque l'Académie des Sciences y a cru pendant peu de temps.

Si ce qu'on appelle l'histoire est si proche de la mythologie qu'on peut souvent la confondre, qu'en est-il du roman et du drame historique dans lesquels des événements, entièrement imaginatifs, doivent nécessairement trouver une place ? Qu'en est-il des longues conversations dans les livres et sur scène attribuées à des personnages historiques ? Qu'en est-il des actions qui leur sont attribuées, qui ne sont pas nécessairement vraies mais semblent seulement l'être ? Il ne manque que l'élément surnaturel pour rendre de telles œuvres mythologiques à tous points de vue.

Or le surnaturel se prête admirablement à l'expression musicale et la musique trouve dans le surnaturel une richesse de ressources. Mais ces ressources ne sont en aucun cas indispensables. Ce que la musique doit avant tout, ce sont des émotions et des passions mises à nu et mises en action par ce que nous appelons la situation. Et où peut-on trouver des situations plus nombreuses ou meilleures que dans l'histoire ?

Depuis Lulli jusqu'à la fin du XVIIIe siècle, l'opéra français était légendaire, c'est-à-dire qu'il avait un caractère mythologique et ne se limitait pas, comme on l'a prétendu, à la représentation de l'émotion et des sentiments intérieurs pour éviter les imprévus. Le véritable motif était de trouver dans les fables matière à spectacle. La tragédie, comme nous le savons, ne permet pas cela, car elle ne peut se développer que très difficilement lorsque la scène est remplie d'acteurs. Au contraire, l'opéra, libre dans ses mouvements et capable d'occuper une vaste scène, recherche le faste, le spectacle et les auréoles où apparaissent les dieux et les déesses, en fait tout ce qui peut être mis en scène. S'ils n'utilisent pas la couleur locale, c'est parce que la couleur locale n'a pas été inventée. Finalement, comme nous sommes tous fatigués de tout, eux aussi sont fatigués de la mythologie. Ensuite, l'œuvre historique a été adoptée et est apparue sur scène avec succès, comme on le sait. La méthode historique n'a pas eu de rival jusqu'à ce que *Robert le Diable* ramène, assez timidement, l'élément légendaire qui triomphera plus tard dans l'œuvre de Richard Wagner.

Entre-temps, *Les Huguenots* succédèrent *à Robert le Diable* et furent pendant un demi-siècle la brillante étoile de l'opéra historique. Même aujourd'hui, bien que ses traditions aient été largement oubliées et que sa facture soit plutôt inférieure à celle d'une époque ultérieure, cette œuvre mémorable brille néanmoins, comme le soleil couchant, d'un éclat surprenant. Les nombreuses générations qui ont admiré cette œuvre n'avaient pas tout à fait tort. Il n'est pas nécessaire de considérer ce brillant succès comme un échec, car Robert Schumann, qui ne connaissait rien à la scène, en niait la valeur. Il est surprenant que le jugement de Berlioz n'ait pas été opposé à celui de Schumann. Berlioz manifeste son enthousiasme pour *Les Huguenots* dans son célèbre traité d'instrumentation.

Le grand public s'intéresse peu aux polémiques techniques et est fidèle aux succès anciens. Même si les opéras basés sur des légendes connaissent peu à peu le succès, il subsiste un goût pour les opéras à caractère historique. Ce n'est pas sans raison, comme l'a dit un critique faisant autorité : « Un drame historique peut contenir des possibilités lyriques bien plus grandes que la plupart des pauvres et faibles livrets mythologiques sur lesquels les compositeurs gaspillent leurs forces, pleinement persuadés qu'en agissant ainsi, ils provoquent « le que l'esprit saint de Bayreuth descende sur eux.

Et ils n'auraient jamais rêvé d'être mythologiques, si leur dieu, au lieu de se tourner vers la mythologie scandinave, avait suivi son intention initiale de dramatiser les exploits de Frédéric Barberousse. Dans sa jeunesse, il n'était pas opposé à l'opéra historique, car il faisait l'éloge *de La Musette de Portici* , *de La Juive* et *de La Reine de Chypre* . Il formule quelques critiques justifiées à l'égard du livret de la dernière œuvre, tout en reconnaissant que le compositeur a réussi à écrire de beaux passages.

« On ne saurait trop féliciter Halévy, écrit-il, pour la fermeté avec laquelle il résiste à toute tentation, à laquelle succombent nombre de ses contemporains, de voler les applaudissements faciles en s'appuyant aveuglément sur le talent des chanteurs. Au contraire, il exige que ses *virtuoses*

, même les plus célèbres d'entre eux, se soumettent à la haute inspiration de sa Muse. Il parvient à ce résultat par la simplicité et la vérité qu'il sait imprimer aux mélodies dramatiques.

C'est ce que disait Richard Wagner à propos de *La Juive* en 1842.

Heureusement, nous n'exigeons plus que les opéras soient mythologiques, car si nous le faisions, nous devrions condamner les célèbres opéras russes, ce qui est hors de question. Cependant, la méthode de traitement reste controversée et cette question se pose. Une méthode de traitement est admise et une autre non et il est extrêmement difficile de dire de quoi il s'agit.

Je vais maintenant faire une plaidoirie un peu particulière pour mon *Henri VIII*, ce qui, semble-t-il, n'est pas de la bonne manière. Non pas que je veuille défendre la musique ou protester contre les critiques qu'elle a inspirées, car cela ne se fait pas. Mais il me sera peut-être permis de parler de la pièce elle-même et de raconter comment la musique y a été adaptée.

Selon les critiques, il semblerait que tout *Henri VIII* soit superficiel et sans profondeur, *en façade* ; que les âmes des personnages ne sont pas révélées, et que le Roi, d'abord tout en douceur sucrée, devient soudain un monstre sans aucune préparation ni explication du changement.

Pensons à ce propos à *Boris Godounof*, car il existe un drame historique adapté à sa musique. J'ai vu *Boris Godounof* avec beaucoup d'intérêt. J'ai entendu des passages agréables et impressionnants, et d'autres moins. Dans une scène, j'ai vu un frère insignifiant qui devient soudainement l'empereur dans la scène suivante. Tout un acte est fait de processions, de tintements de cloches, de chants populaires et de costumes éblouissants. Dans une autre scène, une infirmière raconte de jolies histoires aux enfants dont elle a la charge. Il y a ensuite un duo d'amour, qui n'est ni introduit ni lié au développement de l'œuvre ; une soirée incompréhensible, et enfin des scènes funéraires où Chaliapine fut admirable. Ce n'était pas ma faute si je ne découvrais pas en tout ce que la vie intérieure, la psychologie, les introductions et les explications qu'on se plaint de ne pas trouver chez *Henri VIII*.

« Pour Henri VIII, dit-on au début de l'ouvrage, rien n'est sacré, ni l'amitié, ni l'amour, ni sa parole, qui ne sont que les jouets de ses caprices insensés. Il ne connaît ni le droit ni la justice. Et lorsque, un peu plus tard, souriant, le Roi tend l'eau bénite à l'ambassadeur qu'il reçoit, l'orchestre révèle le fonctionnement de son esprit en reprenant la musique de la scène précédente. Du début à la fin, l'œuvre est écrite de cette manière. Mais les thèses sur de tels détails n'ont pas été rendues publiques ; les thèmes du crime, de la cruauté et de la duplicité, de ceci et de cela, n'ont pas été soulignés, comme c'est la mode du jour, de sorte que les critiques sont excusables de ne pas les voir.

Pas une scène, pas un mot, dit-on, ne montre l'âme d'Henri VIII. Je voudrais demander si cela ne se révèle pas dans la grande scène entre Henry et Catharine, où il joue avec elle comme un chat avec une souris, où il voile son désir de se débarrasser d'elle sous ses scrupules religieux, et où il entasse sur ses insinuations constamment viles et cruelles, ou encore dans la dernière scène avec ses cruelles hypocrisies. On voit mal pourquoi toutes ses passions et tous ses sentiments ne sont pas ici mis en jeu. Les livrets russes ne le font pas davantage, ni les opéras fondés sur la mythologie.

Mais continuer. Du point de vue de l'opéra, la mythologie offre un avantage dans l'utilisation du miraculeux. Mais le reste de l'élément mythique présente plutôt des difficultés. Des personnages qui n'ont jamais existé et en qui personne ne croit ne peuvent être rendus intéressants en eux-mêmes. Ils ne soutiennent pas, comme on le croit parfois, la musique et la poésie. Au contraire, la musique et la poésie leur donnent la réalité qu'elles possèdent. Nous ne pourrions supporter les paroles interminables du triste Wotan, sans la merveilleuse musique qui les accompagne. Orphée pleurant Eurydice ne nous émouvrait pas beaucoup, si Gluck n'avait su nous captiver par ses premières notes. Sans la musique de Mozart, les marionnettes de la *Flûte enchantée* ne seraient rien.

Les musiciens devraient en effet pouvoir choisir le sujet et les motifs de leurs opéras en fonction de leur tempérament et de leurs sentiments. Une grande partie du talent de la jeunesse se perd aujourd'hui parce que les jeunes compositeurs croient qu'ils doivent obéir à des règles établies au lieu d'obéir à leur propre inspiration. Tous les grands artistes, l'illustre Richard plus que tout autre, se moquaient des critiques.

Ayant parlé de la jeunesse de Richard Wagner, je profiterai de l'occasion pour vous révéler un secret d'une de ses œuvres que moi seul connais. Quand Wagner était jeune, j'étais enfant et j'assistais constamment aux séances de la Société des Concerts. Le batteur de timbale de l'époque avait une habitude particulière d'intervenir avant le reste de l'orchestre. Quand les autres commencèrent, elle produisit un effet que les auteurs n'avaient guère prévu et qui devait être condamné. Mais l'effet avait un caractère assez particulier et j'ai pensé qu'il serait peut-être possible de l'utiliser. Richard Wagner vivait alors à Paris et fréquentait les célèbres concerts. Il ne fait aucun doute qu'il a remarqué cet effet et l'a utilisé dans son ouverture à *Faust*.

CHAPITRE VII

L'ART POUR L'ART

Qu'est-ce que l'art ?

L'art est un mystère, quelque chose qui répond à un sens particulier, propre au genre humain. C'est ce qu'on appelle ordinairement le sens esthétique, mais c'est un terme inexact, car le sens esthétique signifie un sens du beau et ce qui est esthétique n'est pas nécessairement beau. Le sens du style serait meilleur.

Certaines races sauvages ont ce sens du style, car leurs armes et leurs ustensiles témoignent d'un sens du style remarquable, qu'elles perdent au contact de la civilisation.

Par art, entendons, s'il vous plaît, les Beaux-Arts seuls, mais y compris les arts décoratifs. La musique devrait être incluse.

J'étonnerai la plupart de mes lecteurs en disant que très peu de gens comprennent la musique. Pour la plupart des gens, c'est, comme le disait Victor Hugo, une exhalation de l'art, quelque chose pour l'oreille comme le parfum est pour le sens olfactif, une source de sensations vagues, nécessairement informes comme le sont toutes les sensations. Mais l'art musical est quelque chose de complètement différent. Il y a la ligne, le modelé, la couleur à travers l'instrumentation, tout cela constitue une sphère idéale où certains, comme l'auteur de ces lignes, vivent dès l'enfance, que d'autres atteignent par l'éducation, tandis que beaucoup d'autres ne le savent jamais du tout. De plus, l'art musical a plus de mouvement que les autres beaux-arts. C'est le plus mystérieux de tous, même si les autres sont mystérieux car faciles à voir.

La première manifestation de l'art se produit à travers des tentatives de reproduction d'objets. De telles tentatives ont été découvertes et remontent à la préhistoire. Mais quelle est l'idée de l'homme primitif dans de telles tentatives ? Il veut tracer par un trait le contour de l'objet dont il veut conserver la ressemblance. Ce contour et cette ligne n'existent pas dans la nature. Toute la philosophie de l'art est dans ce dessin grossier. Elle se base sur la nature tout en créant quelque chose de tout à fait différent en réponse à un besoin particulier et inexplicable de l'esprit humain. Rien donc de plus chimérique et de plus vain que le conseil si souvent donné à l'artiste d'être véridique. L'art ne peut jamais être vrai, même s'il ne devrait pas être faux. Cela doit être vrai artistiquement, en donnant une traduction artistique qui satisfasse le sens du style dont nous avons parlé. Lorsque l'Art a satisfait ce sens du style, l'objet de l'expression artistique a été atteint ; on ne peut rien demander de plus. Mais ce n'est pas « le vain effort d'une habileté improductive », comme l'a dit notre M. de Mun ; c'est un effort pour satisfaire un besoin légitime, l'un des plus élevés et des plus honorables de la nature humaine : le besoin de l'art.

S'il en est ainsi, pourquoi exiger que l'Art soit utile ou moral ? C'est l'un et l'autre à sa manière, car cela éveille dans l'âme des sentiments nobles et honnêtes. C'était l'avis de Théophile Gautier, mais Victor Hugo n'était pas d'accord. Le soleil est beau, disait-il, et il est utile. C'est vrai, mais le soleil n'est pas un objet d'art. D'ailleurs, combien de fois Victor Hugo a nié sa propre doctrine en écrivant des vers qui n'étaient que de brillantes descriptions ou d'admirables morceaux d'imagination ?

Nous parlons cependant d'art et non de littérature. La littérature devient art dans la poésie mais l'abandonne dans la prose. Même si certains des grands prosateurs ont rendu leur prose artistique par la beauté et l'harmonie de leurs époques et le pittoresque de leurs expressions, la prose n'est pas pour autant de l'art dans sa véritable nature. Ainsi, mise à part la grossière indécence, ce qui serait immoral en prose cesse de l'être en vers, car en poésie, l'art suit son propre code et la forme transcende le sujet. C'est pourquoi un grand poète, Sully-Prudhomme, préférait la prose au vers lorsqu'il voulait écrire philosophiquement, car il craignait, à cause de la supériorité de la forme sur le fond en poésie, que ses idées ne soient pas prises au sérieux. Cela explique aussi pourquoi les parents emmènent leurs jeunes filles écouter un opéra, alors que si le même morceau était joué sans musique, ils seraient consternés à l'idée. Quel chrétien est jamais choqué par *La Juive* ou catholique effrayé par *Les Huguenots* ?

Parce que la prose est très éloignée de l'art, elle est inadaptée à la musique, alors que cette union disparate est aujourd'hui à la mode ? En poésie, on s'est efforcé de la rendre si artistique que seule la forme soit considérée et que des vers écrits soient totalement dénués de sens. Mais c'est une mode qui ne peut pas durer longtemps.

Il y a quelque temps M. de Mun disait :

« Ne pas prendre parti, c'est ce que l'auteur n'a pas le droit de faire. L'art, selon moi, est une expression d'idées. Si ce n'est pas cela, s'il se limite uniquement à des considérations de forme, à un culte de la beauté pour elle-même, sans égard aux actes et aux pensées qu'il met en lumière, alors il ne me semble pas mieux que le vain effort d'une intelligence improductive.

L'éminent orateur a absolument raison en ce qui concerne la prose, mais nous ne pouvons pas être d'accord avec lui si l'on considère la poésie.

Victor Hugo, dans sa merveilleuse ode, *La Lyre et La Harpe*, confronte le paganisme et le christianisme. Chacun parle à tour de rôle, et le poète dans sa dernière strophe semble reconnaître que tous deux ont raison, mais cela n'empêche pas l'ode d'être un chef-d'œuvre. Cela ne serait pas possible en prose, mais dans le poème, la poésie emporte tout devant elle.

M. Saint-Saëns dans ses dernières années

Pourquoi des génies comme Victor Hugo, esprits distingués, penseurs et critiques profonds, refusent-ils de voir que l'Art est une entité particulière qui répond à un certain sens ? Si l'art s'accommode à merveille, s'il s'accorde aux préceptes de la morale et de la passion, il se suffit néanmoins à lui-même — et c'est dans sa suffisance que réside le comble de sa grandeur.

Le premier prélude du *Wohltemperirte Klavier de Sebastian Bach* n'exprime rien, et pourtant c'est une des merveilles de la musique. La Vénus de Milo n'exprime rien, et c'est une des merveilles de la sculpture.

A vrai dire, il convient d'ajouter que pour ne pas être immoral, l'art doit plaire à ceux qui en ont le sentiment. Là où l'artiste ne voit que de belles formes, le grossier ne voit que de la nudité. J'ai vu un brave homme scandalisé à la vue de *La Source d'Ingres* .

Tout comme la morale n'a pas de fonction artistique, l'art n'a rien à voir avec la morale. Les deux ont leurs propres fonctions et chacun est utile à sa manière. Le but final de la moralité est la moralité ; de l'art, de l'art et rien d'autre.

CHAPITRE VIII

SCIENCE ET ART POPULAIRES

René Bazin a habilement esquissé la brillante carrière de Pasteur. La France n'a pas de droit de gloire plus évident que Pasteur, car il est un de ces hommes qui, malgré tout, la maintiennent au premier rang des nations.

Une rare chance l'accompagna. Alors que de nombreux chercheurs qui recherchent la vérité sans se préoccuper des résultats pratiques doivent attendre de longues années avant de pouvoir utiliser leurs découvertes, celles de Pasteur se sont révélées utiles d'emblée. Ainsi la foule, qui ne peut pas comprendre la science étudiée pour elle-même, appréciait les œuvres de Pasteur. Il a sauvé des millions de dollars pour le trésor public et des dizaines de milliers de vies humaines.

Il s'était déjà assuré une place notable dans la science lorsque le public connut son nom grâce au mémorable concours de « génération spontanée » qui l'opposa à Pouchet. Les probabilités étaient du côté de Pouchet. On se refusait à croire que ces organismes qui se développaient en grand nombre dans un bocal fermé ou que les moisissures qui se développaient dans certaines conditions ne se produisaient pas spontanément. La jeunesse de l'époque s'est déchaînée sur la question.

On me demandait constamment : « Êtes-vous pour Pouchet ou Pasteur ? et ma réponse invariable était : « Je serai pour celui qui prouve qu'il a raison. » Je ne voulais pas admettre qu'une telle question puisse être résolue *a priori* selon des idées préconçues, même si je dois avouer que parmi mes amis je n'ai trouvé personne du même avis.

On sait comment Pasteur a remporté une victoire éclatante grâce à sa patience et son génie. Il a démontré que des millions et des millions de germes sont présents dans l'air autour de nous et que lorsque l'un d'eux trouve des conditions favorables, un être vivant apparaît qui en engendre d'autres. « Beaucoup sont appelés, mais peu sont élus. » Cette loi peut paraître injuste, mais c'est une des grandes lois de la Nature.

Pasteur, le grand bienfaiteur dont les découvertes ont tant apporté à toutes les classes de la société, aurait dû être populaire, mais il était au contraire extrêmement impopulaire. Les principaux publicistes de l'époque étaient influencés par un sentiment inexplicable et lui faisaient constamment la guerre. Quand, après plusieurs années d'un travail prodigieux, Pasteur osa s'affirmer, on profita du fait qu'il suivait les préceptes de l'humanité en acceptant toutes sortes de cas, guérissables ou non, pour répandre le bruit que son traitement ne guérissait pas, mais donnait au contraire la maladie qu'il était censé guérir. La fureur populaire fut soulevée à un tel point qu'un meeting de masse monstre fut organisé *contre* Pasteur. Louise Michel s'est adressée à cette réunion avec sa vigueur de discours habituelle et, au milieu d'applaudissements frénétiques, a crié cette remarque sans réserve : « *Les questions scientifiques doivent être réglées par le peuple.* »

A cette époque, tout le monde parlait de microbes, et une boutique des boulevards annonçait une exposition. Ils utilisèrent ce qu'on appelle un microscope solaire et projetèrent sur un écran convenablement agrandi les animalcules qui poussent dans l'eau impure, les larves de moustiques et autres insectes, qui ont à peu près le même rapport avec les microbes qu'un éléphant avec une puce. . Je suis entré dans cet établissement, et j'ai vu des gens ordinaires avec leurs femmes regarder l'exposition très sérieusement et croyant vraiment avoir vu les fameux microbes. L'un d'eux près de moi m'a dit d'un air entendu : « Qu'est-ce que la science ne fera pas ensuite ?

J'étais indigné et j'avais tout ce que je pouvais pour ne pas dire : « Ils vous trompent. Ce qu'ils vous montrent, ce n'est pas la Science, tout au plus son antichambre. Quant à vous qui trompez ces braves gens naïfs, vous n'êtes que des imposteurs.

Mais je restai immobile ; J'aurais seulement réussi à me faire expulser. Mais je me suis dit – et je le dis encore – « Pourquoi ne pas éclairer ces gens qui ont visiblement besoin de lumière ? Il est impossible de leur *enseigner* la science, mais il devrait être possible de leur faire au moins comprendre ce qu'est la science , car ils n'en ont aucune idée maintenant. Ils ne savent pas, à cette époque où ils parlent constamment de leurs droits et sont invités à exiger plus de salaires et moins de travail, qu'il y a des jeunes qui passent leurs meilleures années et mènent une existence précaire, travaillant jour et nuit, sans espoir. de profit personnel, sans autre fin en vue que l'espoir de découvrir de nouveaux faits dont l'humanité pourrait bénéficier à un moment donné dans le futur. Ils ne savent pas que tous les bienfaits de la civilisation dont ils profitent négligemment sont le résultat du travail long, douloureux et énorme de penseurs qu'ils considèrent comme des oisifs et des visionnaires qui s'enrichissent grâce à la sueur des travailleurs. En un mot, il faut leur apprendre à respecter ce qui en est digne.

Il y a certes des congrès scientifiques, mais ce sont des rassemblements sérieux qui n'attirent qu'une élite. Il devrait être possible d'intéresser tout le monde et, pour rendre les réunions scientifiques intéressantes, nous devrions utiliser le cinéma et les concerts.

Mais ici, nous nous attaquons à l'art. Nous devons enseigner au peuple non seulement la science mais aussi l'art, mais ce dernier est le plus difficile.

Les peuples modernes ne sont pas artistiques. Les Grecs l'étaient, tout comme les Japonais, avant l'invasion européenne. Un peuple artistique se reconnaît à son ignorance des « objets d'art », car dans un tel environnement, l'art est partout. Un peuple artistique ne rêve pas plus de créer de l'art qu'un grand noble de se montrer consciemment distingué. La distinction réside dans ses moindres manières sans qu'il en soit conscient. Ainsi, chez les peuples artistes, les objets les plus ordinaires et les plus humbles ont du style. Et ce style est en outre en parfaite harmonie avec la destination de l'objet. Il s'y prête tout à fait par ses proportions, par la pureté de ses lignes, l'élégance de sa forme, la perfection de son exécution et surtout par sa signification. Lorsqu'on s'élève dans ce pays contre la laideur et la médiocrité de certains objets, la réponse est : « Mais voyez comme ils sont bon marché ! » Mais le style et la conscience au travail ne coûtent rien. Le sentiment de l'art est pourtant inhérent à la nature humaine. Les armes des peuples primitifs sont belles. Les hachettes préhistoriques de l'âge de pierre sont parfaites dans leurs contours. Il n'est donc pas question de créer chez le peuple le sentiment de l'art, mais de l'éveiller.

La musique occupe une place si importante dans le monde moderne que nous devrions commencer par là. Il y a beaucoup de musique gaie, facile à comprendre, qui est en harmonie avec les lois de l'art, et le peuple devrait l'entendre au lieu des horreurs qu'on nous fourre dans les oreilles sous prétexte de satisfaire nos goûts. Ce qui plaît le plus aux gens, c'est la musique sentimentale, mais il ne s'agit pas nécessairement d'une sentimentalité idiote. Il faudrait plutôt donner au peuple ces airs charmants qui poussent, aussi naturellement que les pâquerettes sur une pelouse, dans le vaste champ de l'opéra-comique. Ce n'est pas du grand art, c'est vrai, mais c'est de la jolie musique et c'est du grand art comparé à ce qu'on entend trop souvent dans les cafés. Je n'ignore pas que de tels établissements emploient des personnes talentueuses. Mais à côté du bien, que de choses effrayantes on entend ! Et personne n'écouterait leur répertoire instrumental ailleurs !

Chaque fois qu'on a essayé d'élever le niveau et d'employer de vrais chanteurs et de vrais *virtuoses* , la fréquentation a augmenté. Mais bien souvent, même dans les théâtres, les directeurs satisfont leurs propres goûts sous prétexte de satisfaire ceux du public. C'est bien sûr intensément humain. Nous jugeons les autres par nous-mêmes.

Un célèbre manager m'a dit un jour, en désignant une maison vide : « Le public est incroyable. Donnez-leur ce qu'ils veulent, et ils ne viennent pas !

Un jour, je me promenais dans un jardin. Il y avait un kiosque à musique et des musiciens jouaient une sorte de musique. La foule était indifférente et passait par parler sans y prêter la moindre attention. Soudain retentirent les premières notes du délicieux *andante de la Symphonie en ré* de Beethoven , une fleur de printemps au parfum délicat. Aux premières notes, toute marche et toute conversation s'arrêtèrent. Et la foule restait immobile et dans un silence

presque religieux, écoutant la merveille. La pièce terminée, je sortis du jardin, et près de l'entrée j'entendis un des gérants dire :
"Là, tu vois, ils n'aiment pas ce genre de musique."

Et ce genre de musique n'y a plus jamais été joué.

CHAPITRE IX

ANARCHIE DANS LA MUSIQUE

La musique est aussi vieille que la nature humaine. On peut se faire une idée de ce qu'il en était au début grâce à la musique des tribus sauvages. Il y avait quelques notes et mélodies rudimentaires avec pour accompagnement des coups frappés en cadence ; ou, parfois, les mêmes rythmes primitifs sans aucun accompagnement – et rien d'autre ! Puis la mélodie s'est perfectionnée et les rythmes sont devenus plus compliqués. Plus tard vinrent la musique grecque, dont nous savons peu de choses, et les musiques d'Orient et d'Extrême-Orient.

La musique, tel que nous l'entendons aujourd'hui, est née avec les tentatives d'harmonie au Moyen Âge. Ces tentatives furent laborieuses et difficiles, et l'incertitude de leurs tâtonnements, combinée à la lenteur de leur développement, excite notre émerveillement. Il fallut des siècles avant que l'écriture musicale devienne exacte, mais, peu à peu, des lois s'élaborèrent. Grâce à eux sont nées les œuvres du XVIe siècle, dans toute leur admirable pureté et leur savante polyphonie. Des lois dures et inflexibles engendrèrent un art analogue à la peinture primitive. Melody était presque totalement absente et reléguée aux airs de danse et aux chansons populaires. Mais les airs de danse de l'époque, sur lesquels peut-être l'érudition n'était pas suffisamment utilisée, étaient écrits dans le même style polyphonique et avec la même exactitude rigide que les madrigaux et la musique d'église.

On sait que les chants populaires ont trouvé leur place dans la musique religieuse et que la grande réforme de Palestrina a consisté à les bannir. On n'aurait cependant qu'une faible idée du rôle qu'ils ont joué, si l'on imaginait qu'ils y avaient naturellement leur place. Prenez un air connu, *Au Claire de la Lune*, par exemple, et faites de chaque note une note entière chantée par le ténor, pendant que les autres voix dialoguent en contrepoint, et voient ce qu'il reste de la chanson pour l'auditeur. Le scandale de *La Messe de l'Homme armé* était entièrement théorique.

Nous ne savons tout simplement pas comment ils ont joué ces hymnes, messes et madrigaux, en l'absence de toute indication sur l'heure ou l'accent. On retrouve quelques directions d'expression, comme dans les premières mesures du *Stabat Mater de Palestrina*, mais de telles directions sont extrêmement rares. Ce ne sont que les premiers signes de l'aube du jour lointain de la musique d'expression. Certaines personnes savantes et bien intentionnées s'efforcent de comparer cette musique avec la nôtre, et nous surprenons dans certaines éditions modernes des exemples de *molto expressivo* qui semblent être de bonnes suppositions. Cette musique exclusivement consonante, dans laquelle les intervalles de quartes étaient considérés comme dissonants, tandis que la quinte décroissante était le *diabolus in musica*, devrait, par sa nature même, être antithétique à l'expression. Rien dans le *Kyrie*, dans *La Messe du Pape Marcel*, ne donne l'impression d'une prière, à moins que des accents expressifs, sans réelle justification, soient introduits par la force principale.

L'expression est née avec l'accord de septième dominante à partir duquel toute l'harmonie moderne s'est développée. Cette invention est attribuée à Monteverde. Quoi qu'il en soit, cela se produit dans *Adoremus de Palestrina*. Des flots d'encre ont coulé sur cette question, les uns affirmant, les autres — et non des moindres, par tous les moyens — niant l'existence du fameux accord. Aucune équivoque n'est possible. Il s'agit d'un accord joué simultanément et tenu par quatre voix pendant toute une mesure. Ce qui est sûr, c'est que Palestrina, en mettant de côté les règles, a fait une découverte dont il ne se rendait pas compte de la portée.

Avec l'introduction du septième intervalle, une nouvelle ère commença. Ce serait une grave erreur de croire que les règles ont été renversées, car, au contraire, de nouveaux principes ont été ajoutés aux anciens à mesure que de nouvelles conditions l'exigeaient. Ils ont appris à moduler, à transposer d'une tonalité à l'autre et enfin vers les tonalités les plus éloignées. Dans son traité sur l'harmonie, Fétis a étudié cette évolution de manière magistrale. Malheureusement, son érudition ne s'accompagnait pas d'un profond sentiment musical. Par exemple, il a vu des défauts chez Mozart et Beethoven où il n'y a que des beautés, et des beautés que même un auditeur ignorant – s'il est naturellement musicien – verra sans problème. Il ne comprenait pas la grande différence entre l'illettré qui commet un solécisme et Pascal, l'inventeur d'une nouvelle syntaxe.

Quoi qu'il en soit, Fétis nous a donné un aperçu complet et dans ses grandes lignes de l'évolution musicale jusqu'à ce qu'il appelle à juste titre le « système omnitonique », auquel Richard Wagner est parvenu depuis. « Au-delà de cela, dit-il, je ne vois plus rien. »

Il n'avait pas prévu le système a-tonique, mais c'est là que nous en sommes arrivés. Il n'est plus question d'ajouter aux anciennes règles de nouveaux principes qui sont l'expression naturelle du temps et de l'expérience, mais simplement de se débarrasser de toutes règles et de toute contrainte.

« Chacun devrait établir ses propres règles. La musique est libre et illimitée dans sa liberté d'expression. Il n'y a pas d'accords parfaits, d'accords dissonants ou de faux accords. Toutes les agrégations de notes sont légitimes.

C'est ce qu'on appelle, et ils le croient, le *développement du goût*.

Celui dont le goût est développé par ce système n'est pas comme celui qui, en goûtant un vin, peut vous dire son âge et son vignoble, mais il est plutôt comme celui qui, avec une parfaite indifférence, avale du bon ou du mauvais vin, de l'eau-de-vie ou du whisky, et préfère celui qui lui brûle le plus l'œsophage. L'homme qui fait accrocher son œuvre au Salon n'est pas celui qui apporte sur sa toile des touches délicates dans des tons harmonieux, mais celui qui juxtapose le vermillon et le vert Véronèse. L'homme au « goût développé » n'est pas celui qui sait obtenir des résultats nouveaux et inattendus en passant d'une tonalité à l'autre, comme le faisait le grand Richard dans *Die Meistersinger*, mais plutôt l'homme qui abandonne toutes les tonalités et accumule les dissonances. qu'il n'introduit ni ne conclut et qui, par conséquent, se fraye un chemin à travers la musique comme un cochon dans un jardin fleuri.

Peut-être iront-ils encore plus loin. Il ne semble y avoir aucune raison pour qu'ils s'attardent sur le chemin d'une liberté sans entrave ou qu'ils se limitent à une échelle. L'empire sans limites du son est à leur disposition et qu'ils en profitent. C'est ce que font les chiens lorsqu'ils aboient à la lune, les chats lorsqu'ils miaulent et les oiseaux lorsqu'ils chantent. Un Allemand a écrit un livre pour prouver que les oiseaux chantent faux. Bien sûr, il a tort car ils ne chantent pas faux. S'ils le faisaient, leur chanson ne nous semblerait pas agréable. Ils chantent en dehors des gammes et c'est délicieux, mais ce n'est pas de l'art créé par l'homme.

Certains chanteurs espagnols donnent une impression similaire, en chantant d'interminables notes d'agrément au-delà de la notation. Leur art est intermédiaire entre le chant des oiseaux et celui des hommes. Ce n'est pas un art supérieur.

Dans certains milieux, on s'émerveille des progrès réalisés depuis trente ans. Les architectes du XVe siècle ont dû raisonner de la même manière. Ils ne se rendaient pas compte qu'ils assassinaient l'art gothique et qu'au bout de quelques siècles il faudrait revenir à l'art des Grecs et des Romains.

CHAPITRE X

L'ORGUE

Lorsque Pan, le poilu, joignit des anches de différentes longueurs et inventa ainsi la flûte qui porte son nom, il créait en réalité l'orgue. Il suffisait d'ajouter à cette flûte un clavier et un soufflet pour en faire un de ces jolis instruments que les premiers peintres mettaient entre les mains des anges. A mesure qu'il se développait et devenait peu à peu le plus grandiose des instruments, l'orgue, avec sa profondeur de timbre modifiée et décuplée par la résonance des grandes cathédrales, prit son caractère religieux.

L'orgue est plus qu'un simple instrument. C'est un orchestre, une collection de flûtes de Pan de toutes tailles, depuis celles aussi petites qu'un jouet d'enfant jusqu'à celles aussi gigantesques que les colonnes d'un temple. Chacun correspond à ce qu'on appelle un jeu d'orgue. Le numéro est illimité.

Les Romains fabriquaient des orgues qui devaient être simples au point de vue musical, bien qu'ils fussent compliqués dans leur construction mécanique. On les appelait organes hydrauliques. L'emploi de l'eau dans un instrument à vent a beaucoup laissé les commentateurs perplexes. Cavaillé-Coll étudie la question et résout le problème en démontrant que l'eau comprime l'air. Ce système était ingénieux mais imparfait, puisqu'il n'était applicable qu'aux instruments les plus primitifs. Les touches, semble-t-il, étaient très grosses et se frappaient à coups de poing.

Laissons l'érudition à l'art et le primitif aux instruments perfectionnés. A l'époque de Sébastien Bach et de Rameau, l'orgue avait acquis son caractère grandiose. Les jeux s'étaient multipliés et l'organiste les *appelait* au moyen de registres qu'il tirait ou repoussait à volonté. Afin de donner plus de ressources, le constructeur a multiplié les claviers. Des pédales ont été introduites pour aider les claviers. A cette époque, seule l'Allemagne possédait des pédales dignes de ce nom et qui valaient la peine de jouer une partie de basse intéressante. En France et ailleurs, les pédales rudimentaires n'étaient utilisées que pour certaines notes fondamentales ou dans *des tenutos prolongés* . Personne en dehors de l'Allemagne ne pouvait jouer les compositions de Sebastian Bach.

Jouer sur les vieux instruments était fatiguant et inconfortable. Le toucher était lourd et, lorsqu'on utilisait à la fois les pédales et les claviers, une véritable démonstration de force était nécessaire. Un affichage similaire était nécessaire pour faire sortir ou repousser les registres, dont certains étaient hors de portée du joueur. Bref, il fallait un assistant, voire plusieurs assistants pour jouer des grands orgues comme ceux de Harlem ou d'Arnheim en Hollande. Il était quasiment impossible de modifier les combinaisons d'arrêts.

Toutes les nuances, à l'exception du changement brusque du fort au doux et vice versa, étaient impossibles.

Restait à Cavaillé-Coll à changer tout cela et à ouvrir de nouveaux champs d'utilité à l'orgue. Il introduisit en France des claviers dignes de ce nom, et il donna aux notes aiguës, par son invention des jeux harmoniques, un éclat qui leur manquait. Il a inventé de merveilleuses combinaisons qui permettent à l'organiste de changer ses combinaisons et de varier le son, sans l'aide d'un assistant et sans quitter le clavier. Déjà avant lui, on avait imaginé d'enfermer certains jeux dans une boîte protégée par des volets qu'une pédale ouvrait et fermait à volonté ; cela permettait les plus belles nuances. Par différents procédés, le toucher de l'orgue était rendu aussi délicat que celui du piano.

Depuis quelques années, les facteurs d'orgues suisses inventent de nouvelles installations qui font de l'organiste une sorte de magicien. Les multiples ressources du merveilleux instrument sont à sa disposition, obéissant à son moindre souhait.

Ces ressources sont prodigieuses. L'étendue de l'orgue dépasse de loin celle de tous les instruments de l'orchestre. Les notes du violon atteignent seules la même hauteur, mais avec peu de puissance portante. Quant aux tons graves, il n'y a pas de concurrent aux tuyaux de trente-deux pieds, qui descendent deux octaves en dessous du do grave du violoncelle. Entre le *pianissimo* qui atteint presque la limite où le son cesse et où commence le silence, jusqu'à une gamme de redoutables et puissance terrifiante, tous les degrés d'intensité peuvent être obtenus à partir de cet instrument magique. La variété de son timbre est large. Il existe des jeux de flûte de différentes sortes ; des jeux tonals qui se rapprochent du timbre des instruments à cordes ; des jeux pour effectuer des changements dans lesquels chaque note, formée de plusieurs tuyaux, fait ressortir simultanément ses sons fondamentaux et harmoniques ; jeux qui servent à imiter les instruments de l'orchestre, tels que la trompette, la clarinette, la crémone (instrument obsolète au timbre qui lui est propre) et le basson. Il existe des voix célestes de plusieurs sortes, produites par des combinaisons de deux jeux simultanés qui ne sont pas accordés à l'unisson parfait. Puis nous avons le fameux *Vox Humana*, favori du public, qui séduit quoique tremblant et nasillard, et nous avons les innombrables combinaisons de tous ces jeux différents, avec les gradations qu'on peut obtenir par un mélange indéfini des tons. de cette merveilleuse palette.

Ajoutez à tout cela la respiration continuelle des poumons du monstre qui donne aux sons une régularité incomparable et inimitable. Pendant longtemps, des êtres humains ont été utilisés pour remplir ces poumons, des souffleurs fonctionnant avec les mains et les pieds. Nous faisons beaucoup mieux maintenant. Le grand orgue de l'Albert Hall de Londres est alimenté en air par la vapeur, ce qui assure à l'organiste une réserve inépuisable. D'autres instruments utilisent des moteurs à gaz plus maniables. Ensuite, il y a le système hydraulique, très puissant et simple d'utilisation, car il suffit de retirer un bouchon pour mettre le soufflet en mouvement.

Ces systèmes mécaniques ne sont cependant pas totalement exempts d'accidents. J'ai découvert cela en concluant la première partie de l'*Adagio de la grande Fantaisie* de Liszt dans le magnifique Victoria Hall de Genève. Le tuyau qui amenait l'eau éclata et l'orgue resta muet. J'ai toujours pensé, peut-être à tort, que la malveillance avait quelque chose à voir avec l'accident.

Cette *Fantaisie de Liszt* est la pièce pour orgue la plus extraordinaire qui soit. Cela dure quarante minutes et l'intérêt est soutenu tout au long. De même que Mozart, dans sa *Fantaisie et Sonate en do mineur,* prévoyait le piano moderne, de même Liszt, écrivant cette *Fantaisie* il y a plus d'un demi-siècle, semble avoir prévu l'instrument aux mille ressources dont nous disposons aujourd'hui.

Ayons cependant le courage d'admettre que ces ressources ne sont que partiellement utilisées comme elles peuvent ou devraient l'être. Pour tirer d'un grand instrument toutes ses possibilités, il faut d'abord le comprendre à fond, et cette compréhension ne s'acquiert pas du jour au lendemain. L'orgue, comme nous l'avons vu, est un ensemble d'un nombre indéfini d'instruments. Elle met à la disposition de l'organiste des moyens extraordinaires de s'exprimer. Aucun de ces instruments ne se ressemble exactement. L'orgue n'est qu'un thème aux variations innombrables, déterminé par le lieu où il sera installé, par la somme d'argent dont dispose le constructeur, par son inventivité et, souvent, par ses caprices personnels. Il faut donc du temps à l'organiste pour apprendre à fond son instrument. Après cela, il est libre comme le poisson dans la mer et sa seule préoccupation est la musique. Alors, pour jouer librement avec les couleurs de sa vaste palette, il n'y a qu'un seul moyen : se lancer avec audace dans l'improvisation.

Or l'improvisation est la gloire particulière de l'école française, mais elle a été gravement blessée ces derniers temps par l'influence de l'école allemande. Sous prétexte qu'une improvisation n'est pas aussi bonne qu'un chef-d'œuvre de Sebastian Bach ou de Mendelssohn, de jeunes organistes ont arrêté d'improviser.

Ce point de vue est nuisible parce qu'il est absolument faux ; c'est simplement la négation de l'éloquence. Imaginez à quoi ressembleraient la salle législative, la salle de conférence et le tribunal si rien d'autre que des décors n'était livré. Nous savons que bien des orateurs et des avocats, brillants lorsqu'ils parlent, deviennent secs comme de la poussière lorsqu'ils tentent d'écrire. La même chose se produit en musique. Lefébure-Wély était un merveilleux improvisateur (je peux le dire avec insistance, car je l'ai entendu) mais il n'a laissé que quelques compositions sans importance pour l'orgue. Je pourrais aussi citer certains de mes contemporains qui ne s'expriment pleinement qu'à travers leurs improvisations. L'orgue fait réfléchir. Dès qu'on touche l'orgue, l'imagination s'éveille, et l'imprévu surgit des profondeurs de l'inconscient. C'est un monde à part, toujours nouveau, qu'on ne reverra plus jamais, et qui sort des ténèbres, comme une île enchantée surgit de la mer.

Au lieu de cette féerie, on ne voit trop souvent que quelques pièces de Sebastian Bach ou de Mendelssohn répétées en continu. Les pièces elles-mêmes sont très belles, mais elles appartiennent à des concerts et n'ont absolument pas leur place dans les offices religieux. De plus, ils ont été écrits pour des instruments anciens et ne s'appliquent pas du tout, ou mal, à l'orgue moderne. Pourtant, certains pensent que cette croyance est synonyme de progrès.

Je suis pleinement conscient de ce qu'on peut dire contre l'improvisation. Il y a des joueurs qui improvisent mal et leur jeu n'est pas intéressant. Mais beaucoup de prédicateurs parlent mal. Mais cela n'a rien à voir avec le véritable problème. Une improvisation médiocre est toujours supportable, si l'organiste a compris l'idée que la musique d'église doit s'harmoniser avec le service et faciliter la méditation et la prière. Si la musique d'orgue est jouée dans cet esprit et aboutit à des sons harmonieux plutôt qu'à une musique précise qui ne vaut pas la peine d'être écrite, elle n'en est pas moins comparable aux anciennes verrières dans lesquelles les figures individuelles peuvent à peine être distinguées mais qui sont néanmoins plus charmante que les plus belles fenêtres modernes. Une telle improvisation vaut peut-être mieux qu'une fugue d'un grand maître, selon le principe que rien dans l'art n'est bon s'il n'est pas à sa place.

La Madeleine où M. Saint-Saëns joua de l'orgue pendant vingt ans

Pendant les vingt années où j'ai joué de l'orgue à la Madeleine, j'ai improvisé sans cesse, donnant à ma fantaisie le plus large éventail. C'était une des joies de la vie.

Mais il y avait une tradition selon laquelle j'étais un musicien sévère et austère. On faisait croire au public que je ne jouais que des fugues. Cette croyance était si courante qu'une jeune femme sur le point de se marier m'a supplié de ne pas jouer de fugues à son mariage !

Une autre jeune femme m'a demandé de jouer des marches funèbres. Elle avait envie de pleurer à son mariage, et comme elle n'en avait aucune disposition naturelle, elle comptait sur l'orgue pour lui faire monter les larmes aux yeux.

Mais ce cas était unique. D'ordinaire, ils avaient peur de ma sévérité, quoique cette sévérité soit tempérée.

Un jour, un des vicaires de la paroisse entreprit de m'instruire sur ce point. Il me raconta que le public de la Madeleine était composé en majorité de gens riches qui fréquentaient fréquemment l'Opéra-Comique et se formaient des goûts musicaux qui devaient être respectés.

« Monsieur l'abbé, répondis-je, quand j'entendrai en chaire le langage de l'opéra-comique, je jouerai une musique qui lui conviendra, et pas avant !

CHAPITRE XI

JOSEPH HAYDN ET LES « SEPT MOTS »

Joseph Haydn, ce grand musicien, père de la symphonie et de toute la musique moderne, a été négligé. Nous avons trop tendance à oublier que les concerts sont, en un sens, des musées dans lesquels les écoles de musique les plus anciennes devraient être représentées. La musique est autre chose qu'une source de plaisir sensuel et d'émotion vive, et cette ressource, aussi précieuse soit-elle, n'est qu'un coin de hasard dans le vaste domaine de l'art musical. Celui qui ne prend pas un plaisir absolu à une simple série d'accords bien construits, beaux seulement dans leur arrangement, n'aime pas vraiment la musique. Il en est de même de celui qui ne préfère pas le premier prélude du *Wohltemperirte Klavier* , joué sans gradations, tel que l'auteur l'a écrit pour le clavecin, au même prélude agrémenté d'une mélodie passionnée ; ou qui ne préfère pas une mélodie populaire de caractère ou un chant grégorien sans aucun accompagnement à une série d'accords dissonants et prétentieux.

Les directeurs de grands concerts devraient eux-mêmes aimer la musique et amener le public à l'apprécier. Ils ne doivent pas laisser oublier les maîtres, car leur seul tort est de ne pas être nés à notre époque et ils n'ont jamais songé à tenter de satisfaire les goûts d'une génération à naître. Les réalisateurs devraient avant tout reconnaître des maîtres comme Joseph Haydn, qui étaient en avance sur leur temps et qui semblent parfois appartenir au nôtre.

Les seuls exemples de l'immense œuvre de Joseph Haydn que la génération actuelle connaisse sont deux ou trois symphonies, jouées rarement et de manière superficielle. Cela revient à dire que nous ne le connaissons pas du tout. Aucun musicien n'a jamais été plus prolifique ni fait preuve d'une plus grande richesse d'imagination. Lorsqu'on examine cette mine de joyaux, on s'étonne de trouver à chaque pas une pierre précieuse qu'on eût attribuée à l'invention de tel ou tel moderne. Nous sommes éblouis par leurs rayons, et là où nous attendons du noir et blanc, nous trouvons des pastels ternis avec le temps.

Parmi les cent dix-huit symphonies de Haydn, beaucoup sont de simples bagatelles écrites au jour le jour pour la petite chapelle du prince Esterhazy, lorsque le maître y était directeur musical. Mais après que Haydn fut appelé à Londres par Salomon, directeur de concerts, où il disposait d'un grand orchestre, son génie prit de magnifiques envols. Puis il écrivit de grandes symphonies dans lesquelles les clarinettes déployèrent pour la première fois les ressources dont l'orchestre moderne a si abondamment profité. A l'origine, la clarinette jouait un rôle modeste, comme son nom l'indique. *Clarinetto* est le diminutif de *clarino* , et l'instrument a été inventé pour remplacer les sons aigus que la trompette perdait à mesure qu'elle gagnait en profondeur.

Les anciennes éditions des symphonies de Haydn présentent un arrangement pittoresque, dans la mesure où la disposition de l'orchestre est montrée sur la page imprimée. Ci-dessus, un groupe composé de tambours et de cuivres. Au centre se trouve un deuxième groupe : les flûtes, hautbois et bassons, tandis que les instruments à cordes sont en bas de page. Lorsque des clarinettes sont utilisées, elles font partie du premier groupe. Ce joli arrangement n'a malheureusement pas été suivi dans les éditions modernes de ces symphonies. Dans les œuvres écrites à Londres, la clarinette a complètement oublié ses origines. Il a quitté le monde un peu plébéien des cuivres et a accédé à la société plus raffinée des bois. Haydn, dans ses premiers essais, a profité des belles sonorités lourdes, du « *chalumeau* », de la souplesse et de la merveilleuse tessiture d'un bel instrument.

Durant son séjour à Londres, Haydn dessina un *Orfeo* qu'il ne termina jamais, le théâtre qui l'avait commandé ayant échoué avant qu'il ne soit terminé. Il ne reste que des fragments de l'œuvre, heureusement gravés dans une partition d'orchestre. Ces fragments sont de valeur inégale. Le dialogue, ou récitatif, qui devait les lier ensemble a été perdu et nous ne pouvons donc pas les juger équitablement. Parmi les fragments se trouve un brillant air sur Eurydice qui est plutôt ridicule, tandis qu'un autre sur Eurydice mourant est charmant. On retrouve également de la musique pour de mystérieux *cors anglais* ; il s'écrit comme les clarinettes en si bémol et atteint des hauteurs impossibles à atteindre pour l'instrument que nous connaissons aujourd'hui sous le nom de cor anglais. Il y a aussi une belle partie de basse. Ce chant est accompagné de paroles latines et est chanté dans les églises. Cet air a été attribué à un Créon qui n'apparaît pas dans les autres fragments. Une scène montre Eurydice courant de long en large sur les berges poursuivie par des démons. Une autre représente la mort d'Orphée, tué par les Bacchantes. Cette partition n'est qu'une curiosité et rien de plus, et une lecture ne provoque aucun regret que l'ouvrage n'ait pas été achevé.

Comme Gluck, Joseph Haydn avait le rare avantage de se développer constamment. Il n'atteignit l'apogée de son génie qu'à un âge où les plus belles facultés sont ordinairement en déclin. Il a étonné le monde musical avec sa *Création* , dans laquelle il a fait preuve d'une fécondité d'imagination et d'une magnificence de richesse orchestrale que l'oratorio n'avait jamais connue auparavant. Enhardi par son succès, il écrit les *Saisons* , œuvre colossale, la plus variée et la plus pittoresque de l'histoire de la musique ancienne ou moderne. Dans ce cas, l'oratorio n'est plus entièrement religieux. Il donne une image audacieuse de la nature avec des touches réalistes qui étonnent encore aujourd'hui. Il y a une imitation artistique des différents sons de la nature, comme le bruissement des feuilles, les chants des oiseaux dans les bois et à la ferme, et les notes stridentes des insectes. C'est avant tout la traduction en musique des émotions profondes auxquelles font naître les différents aspects de la nature, comme la fraîcheur des forêts, la chaleur étouffante avant un orage, l'orage lui-même et le merveilleux coucher de soleil qui suit. Il y a ensuite un chœur de chasseurs qui frappe une toute autre note. Il y a les vendanges, avec les danses folles qui les suivent. Il y a l'hiver, avec une introduction poignante qui rappelle des pages de Schumann. Mais rassurez-vous, l'auteur ne nous abandonne pas aux rigueurs du froid. Il nous emmène dans une ferme où les femmes filent et où les paysans sont entraînés autour du feu, écoutant un conte drôle et riant immodérément avec une gaieté qui n'a jamais été surpassée.

Mais cette œuvre gigantesque ne se termine pas sans nous faire entrevoir le Ciel, car d'un grand élan de fuite ascendante, Haydn atteint les royaumes où Haendel et Beethoven l'ont précédé. Il les égale et termine son tableau dans un éclat de lumière éblouissant.

C'est le genre d'ouvrage que le public ignore et qu'il devrait connaître.

Mais tout cela n'est pas ce que j'ai commencé à dire. J'avais envie d'écrire sur une œuvre délicate, touchante, réservée et précieuse du même auteur : *Les Sept Paroles du Christ en Croix* . Cette œuvre a paru sous trois formes : pour orchestre et chœur, pour orchestre seul et pour quatuor. Quand j'étais jeune, on disait à Paris que cette œuvre avait été écrite à l'origine pour un quatuor, puis développée pour un orchestre et, enfin, les voix y étaient ajoutées.

Le hasard m'a emmené à Cadix, il était une fois, et c'est là que j'ai découvert l'histoire vraie de cette belle œuvre. À mon grand étonnement, j'ai appris qu'elle avait été jouée pour la première fois dans la ville de Cadix. On parla même d'un concours dans lequel Haydn remportait le prix, mais il n'y eut jamais de concours de ce genre. L'œuvre a été commandée à l'auteur, mais la question est de savoir qui l'a commandée. Deux milieux religieux, la Cathédrale et la Cueva del Rosario, revendiquent l'initiative. J'ai passé en revue tous les éléments de cette dispute qui nous intéresse peu, car le seul intérêt est l'origine de la composition. Il ne fait aucun doute que les *Sept Mots* ont été écrits pour un orchestre en 1785 et que leur destination, comme nous le verrons, a été fixée par l'auteur lui-même.

Dans ses *Mémoires pour la Biographie et la Bibliographie de l'île de Cadix* , Don Francisco de Miton, marquis de Meritos, raconte qu'il correspondit avec Haydn et commanda cette composition qui devait être exécutée à la Cathédrale de Cadix. Selon son récit, Haydn a déclaré que « la composition était plus due à ce que Señor Milton avait écrit qu'à sa propre invention, car elle montrait chaque motif si merveilleusement qu'en lisant les instructions, il semblait lire la musique elle-même ».

Si le marquis ne se vantait pas, il faut avouer que l'ingénu Haydn n'était pas si ingénu qu'on le pensait, et qu'il savait flatter ses clients.

En 1801, Breitkopf et Haertel publièrent l'œuvre avec l'ajout des parties vocales à Leipzig. Cette édition avait une préface de l'auteur dans laquelle il disait :

Il y a une quinzaine d'années, un curé de Cadix m'a engagé pour écrire quelques passages de musique instrumentale sur les Sept Paroles du Christ en Croix. C'était l'usage à cette époque de jouer un oratorio à la Cathédrale pendant la Semaine Sainte, et l'on s'efforçait d'y donner le plus de solennité possible. Les murs, les fenêtres et les piliers de l'église étaient tendus de noir, et une seule lumière au centre brillait dans le sanctuaire. Les portes furent fermées à midi et l'orchestre commença à jouer. Après les cérémonies d'ouverture, l'évêque est entré en chaire, a prononcé l'une des « Sept Paroles » et a prononcé quelques paroles inspirées par celle-ci. Puis il descendit, s'agenouilla devant l'autel et y resta quelque temps. Cette pause fut soulagée par la musique. L'évêque montait et descendait encore six fois et à chaque fois, après son homélie, on jouait de la musique. Ma musique devait être adaptée à ces cérémonies.

Le problème d'écrire sept *adagios* à exécuter consécutivement, chacun d'une durée de dix minutes, sans fatiguer le public, n'était pas facile à résoudre, et je reconnus bientôt l'impossibilité de conformer ma musique aux limites prescrites.

L'ouvrage a été écrit et imprimé sans paroles. Plus tard, l'occasion de les ajouter s'est présentée, de sorte que l'oratorio que Breitkopf et Haertel publient aujourd'hui est une œuvre complète et, en ce qui concerne la partie vocale, entièrement nouvelle.

L'accueil bienveillant qu'il a reçu parmi les amateurs me fait espérer que le public tout entier l'accueillera avec la même bienveillance.

Haydn craignait de lasser ses auditeurs. Nos bardes modernes n'ont pas de vains scrupules.

Michel Haydn, frère de Joseph et auteur de quelques compositions religieuses très appréciées, est généralement crédité de l'ajout des parties vocales aux *Sept Mots*. Joseph Haydn n'a pas dit que tel était le cas, mais il semblerait que s'il avait fait le travail lui-même, il l'aurait dit dans sa préface.

Cette partie vocale n'ajoute cependant rien à la valeur de l'œuvre. Et peu importe qui est l'auteur de l'arrangement du quatuor. A cette époque, de nombreux amateurs jouaient des instruments à cordes. Ils se réunissaient fréquemment et, en musique, tout était arrangé pour des quatuors, comme aujourd'hui tout est arrangé pour des duos de piano. Certaines sonates de Beethoven ont été arrangées sous cette forme. Le piano a tué le quatuor, et c'est bien dommage, car le quatuor est la forme la plus pure de la musique instrumentale. C'est la première forme : la fontaine d'Hippocrène. Désormais, la musique instrumentale boit dans chaque tasse et le résultat est qu'elle semble souvent ivre.

Pour revenir aux *Sept Mots* . Leur forme symphonique est la seule qui mérite d'être considérée. Ils sont assez éloquents sans le secours de la voix, car leur charme pénètre. Contrairement à la *Création* et aux *Saisons,* elles n'exigent pas de moyens d'exécution extraordinaires, et rien n'est plus facile que de les donner.

Les opéras sont fermés le Vendredi Saint et il était d'usage de donner des concerts en soirée, vaguement appelés « Concerts sacrés », car leurs programmes étaient composés en tout ou en partie de musique religieuse. Cette bonne coutume a disparu et avec elle la possibilité de donner au public des œuvres aussi délicieuses que les *Sept Paroles* , et tant d'autres choses qui s'accordent avec le caractère du jour.

Lors d'un de ces Concerts Sacrés, Pasdeloup présenta le même soir le *Credo de la Missa Solemnis* de Liszt et celui de *la Messe du Sacre de Cherubini* . *Le Credo* de Liszt fut reçu avec une tempête de sifflements, tandis que celui de Cherubini fut porté aux nues. Je ne pouvais m'empêcher de penser — j'étais un peu injuste, car l'œuvre de Cherubini a du mérite — aux habitants de Jérusalem qui acclamaient Barrabas et exigeaient la crucifixion de Jésus.

Aujourd'hui, *le Credo de Liszt* est accueilli avec des applaudissements enthousiastes : Victor Hugo a fait sa part, tandis que celui de Cherubini n'est jamais relancé.

CHAPITRE XII

LE CENTENAIRE DE LISZT À HEIDELBERG (1912)

Le centenaire de Liszt fut célébré partout avec des festivités élaborées, peut-être plus particulièrement à Budapest où la *Missa Solemnis* fut chantée dans la grande cathédrale – cela seul aurait suffi à la gloire du compositeur. À Weimar, dont Liszt fit de son vivant une sorte de Mecque musicale, on donna une représentation de son oratorio au charme profond *Die Legende von der Heiligen Elisabeth* . Le festival d'Heidelberg présentait un intérêt particulier car il était organisé par l'Association générale des musiciens allemands que Liszt avait fondée cinquante ans auparavant. Chaque année, cette société donne dans une ville différente une fête qui dure plusieurs jours. Il admet des membres étrangers et j'en étais autrefois membre en tant que successeur de Berlioz, à la propre invitation de Liszt. Des désaccords nous séparaient et je n'avais aucun rapport avec la société depuis plusieurs années lorsqu'on m'a proposé de participer à ce festival. Un refus aurait été mal compris et j'ai dû accepter, même si l'idée de jouer à mon âge aux côtés de *virtuoses* comme Risler, Busoni et Friedheim, au faîte de leur talent, n'était pas encourageante.

Le festival a duré quatre jours et il y a eu six concerts, dont quatre avec l'orchestre et un chœur. Ils donnèrent l'oratorio *Christus* , œuvre énorme qui occupe tout le temps prévu pour un concert ; les symphonies de Dante et Faust, et les poèmes symphoniques *Ce qu'on entend sur la montagne* et *Le Tasse* , pour ne citer que les œuvres les plus importantes.

à l'oratorio *Christus* la belle unité de *Sainte Elisabeth* . Mais les deux œuvres se ressemblent en ce sens qu'elles sont divisées en une série d'épisodes distincts. Alors que les différents épisodes de *Sainte Elisabeth* résolvent le difficile problème de la création de variété et du maintien de l'unité, les parties du *Christus* sont quelque peu sans rapport. Il y en a pour tous les goûts. Certaines parties sont absolument admirables ; d'autres frisent le théâtre ; d'autres encore sont presque ou entièrement liturgiques, tandis que, enfin, certains sont pittoresques, bien que certains soient presque déroutants. Comme Gounod, Liszt se trompait parfois et attribuait aux séquences d'accords ordinaires et simples une signification profonde qui échappait à la grande majorité de ses auditeurs. Il y a quelques pages de ce genre dans *Christus* .

Mais il y a des choses belles et merveilleuses dans cette vaste œuvre. Si l'on regrette que l'auteur s'attarde trop longtemps dans son imitation des *Pifferari* de la campagne romaine, on se réjouit en revanche de l'interlude symphonique *Les Bergers à la Crèche* . C'est très simple, mais dans une simplicité de goût inimitable qui est le secret des grands artistes seuls. Il est étonnant que cet intermède ne figure pas au répertoire de tous les concerts.

La symphonie de Dante ne s'est pas imposée dans les répertoires comme la symphonie de Faust. Elle a été jouée pour la première fois à Paris lors d'un concert que j'avais organisé et dirigé à une époque où l'on se méfiait des œuvres de Liszt. Outre la symphonie de Dante, nous avons eu l'Andante (Gretchen) de la symphonie de Faust, le poème symphonique *Fest Kloenge* , une œuvre charmante qui n'est jamais jouée aujourd'hui, et encore d'autres œuvres. Il serait difficile d'imaginer toute l'opposition que j'ai dû vaincre en donnant ce concert. Il y avait l'hostilité du public, la mauvaise volonté du Théâtre-Italien qui me louait sa célèbre salle mais qui s'opposait maussadement à une bonne annonce du concert, l'insubordination de l'orchestre, les revendications des chanteurs pour une meilleure rémunération - ils il imaginait que Liszt paierait les dépenses – et, finalement, l'échec complet – et s'attendait à un échec. Mon seul objectif était de jeter les bases de l'avenir, rien de plus. Malgré tout, j'ai réussi à obtenir une interprétation honorable de la symphonie de Dante et j'ai eu le plaisir de l'entendre pour la première fois.

La première partie (l'Enfer) est merveilleusement impressionnante avec son intermède *Francesca da Rimini* , dans lequel brûlent tous les feux de la passion italienne. La deuxième partie (Purgatoire et Paradis) réunit le charme le plus intense et le plus poignant. Il contient un épisode de fugue d'une beauté inégalée.

Ce qu'on entend sur la montagne est peut-être le meilleur des célèbres poèmes symphoniques. L'auteur s'est inspiré de la poésie de Victor Hugo et en a admirablement reproduit l'esprit. Quand cette œuvre typique apparaîtra-t-elle dans les répertoires de concert ? Quand les chefs d'orchestre se lasseront-ils de présenter les trois ou quatre œuvres wagnériennes qu'ils répètent *jusqu'à la nausée* , alors qu'on les entend à l'Opéra dans de meilleures conditions, et l'insignifiante *Symphonie inachevée de Schubert* .

L' oratorio *Christus* a été donné lors du premier concert du festival à Heidelberg. Cela a duré trois heures et demie et est si long que je n'oserais pas conseiller aux organisateurs de concerts de tenter une telle aventure. La prestation était sublime. Elle a eu lieu dans une salle carrée nouvellement construite. Cavaillé-Coll, qui connaissait l'acoustique, conseillait la salle carrée pour les concerts mais personne ne l'écoutait. Trois cents choristes, dont beaucoup à distance, étaient soutenus par un orchestre nombreux, mais, à mon avis, insuffisant pour tenir tête à cette masse de voix. De plus, l'orchestre était placé en dessous du niveau de la scène, comme dans un théâtre, tandis que les voix résonnaient librement au-dessus. Deux harpes, l'une du côté est de la scène et l'autre du côté ouest, se voyaient de loin, dispositif agréablement décoratif, mais aussi ennuyeux à l'oreille qu'agréable à l'œil. Le

chœur et les quatre solistes — leur tâche était extrêmement ardue —
triomphèrent complètement des difficultés de cet immense ouvrage et toutes
les nuances variées et délicates furent rendues à la perfection.

Liszt était loin de professer le dédain pour les limites de la voix humaine
comme le faisaient Wagner et Berlioz. Au contraire, il la traitait comme s'il
s'agissait d'une reine ou d'une déesse, et on peut regretter que ses goûts ne
l'aient pas porté à travailler pour le théâtre. Des parties de *Sainte Elisabeth*
montrent qu'il y aurait réussi et que la mode des opéras pour orchestre,
accompagnés de voix, dont nous jouissons aujourd'hui, aurait pu être évitée.
Il découvre une méthode, qui lui est propre, d'écriture des chœurs. Sa manière
n'a jamais été imitée, mais elle est ingénieuse et présente de nombreux
avantages. Le seul ennui, c'est que les chanteurs doivent soigner les détails et
les ombres, ce qui est trop souvent le moindre de leurs soucis. Les sociétés
allemandes, où les membres chantent pour le plaisir et non pour un salaire,
se soucient de l'excès, s'il peut y avoir excès en pareille matière, et c'est leur
grande chance d'être les interprètes de chœurs écrits de cette manière.

Il est impossible de donner ici une analyse de ce vaste travail. Nous avons
déjà parlé de la charmante parenthèse, *Les Bergers à la Crèche* . Cette pastorale
est suivie de *la Marche des Rois Mages* , une jolie pièce, mais un peu surexploitée
pour sa valeur intrinsèque. Les parties vocales, *Béatitudes* et *Le Pater Noster* ,
conviendraient mieux à une église qu'à une salle de concert. Viennent ensuite
les pages les plus brillantes, *La Tempête sur le lac de Thibériade* , et *Le Mont des
Oliviers* , avec son solo de baryton, et enfin le *Stabat Mater* , où les grandes
beautés se conjuguent à des longueurs terribles. Mais rien dans toute l'œuvre
ne m'a plus impressionné que l'entrée du Christ à Jérusalem (orchestre, chœur
et soliste), car la lecture à elle seule n'en donne aucune idée. Ici, l'auteur a
atteint les sommets. Cela décrit aussi l'effet délicieux du chœur d'enfants
chantant au loin *O Filii et Filiae* , harmonisé avec un goût parfait.

En écoutant cette belle œuvre, je ne pouvais m'empêcher de penser aux
grands oratorios qui couronnent si glorieusement la carrière musicale de
Gounod. Liszt et Gounod différaient totalement par leurs tempéraments
musicaux, mais dans leurs oratorios ils se rencontraient sur un terrain
commun. Il y avait dans les deux cas le même éloignement des formes
anciennes de l'oratorio, la même recherche de réalisme dans l'expression
musicale du texte, le même respect de la prosodie latine et la même croyance
dans la simplicité du style. Mais s'il y a du renoncement dans la simplicité de
Liszt, qui abandonna les atours du monde pour revêtir la robe du pénitent,
Gounod semble au contraire revenir à son penchant originel avec une joie
presque sainte. Cela s'explique facilement. Liszt a terminé sa vie en soutane,
tandis que Gounod a commencé la sienne en soutane. Ainsi, malgré le
raffinement supérieur de Liszt et, mis à part ses réalisations exceptionnelles,
Gounod fut le vainqueur dans cette branche de l'art. Comme il y a une *odeur*

di femina, il y a un *parfum d'église* , bien connu des catholiques. Les oratorios de Gounod en sont imprégnés, alors qu'on le retrouve dans *Christus* très, très faiblement, voire pas du tout. Il faut examiner la *Missa Solemnis pour la retrouver dans une certaine mesure dans l'œuvre de Liszt.*

Tous les éléments nécessaires ont été réunis à Heidelberg pour produire une magnifique production de Faust et Dante. L'orchestre de plus d'une centaine de musiciens était parfait. L'époque où les instruments à vent en Allemagne manquaient à la fois d'exactitude et de qualité sonore est révolue. Mais il faut tenir compte des chefs d'orchestre. De nos jours, ces messieurs sont *des virtuoses* . Leurs personnalités ne sont pas soumises à la musique, mais à la musique. C'est le tremplin sur lequel ils interprètent et font défiler leurs personnalités globales. Ils ajoutent leurs propres inventions au sens de l'auteur. Parfois, ils sortent les instruments à vent, de sorte que les musiciens doivent couper une phrase à la fin pour reprendre leur souffle ; là encore ils affectent une rapidité folle et effrénée qui ne laisse le temps ni jouer ni entendre les sons. Ils précipitent ou retardent le mouvement sans autre raison que leur caprice individuel ou parce que l'auteur ne les a pas indiqués. Ils jouent une musique d'un caractère si désorganisé que les musiciens en sont complètement abasourdis et hésitent dans leurs entrées, à cause de leur incapacité à distinguer une mesure d'une autre.

Le délicieux *Purgatoire* est devenu un ennui mortel, et l'enchanteur *Méphistophélès* a été criblé comme par une tempête de grêle. La familiarité avec de tels excès m'a fait particulièrement apprécier l'excellente performance que Wolfrum, le directeur musical, a obtenue lors du vaste concert *du Christus* .

Parmi les chefs d'orchestre se trouvait Richard Strauss, qu'on ne peut passer sous silence. Certes, personne n'espère trouver chez cet artiste modération et sérénité, ni s'étonner s'il laisse libre cours à son tempérament et marche vers la victoire sans être dérangé par les ruines qu'il laisse derrière lui. Mais il ne manque ni d'intelligence ni d'élégance, et s'il va parfois trop vite, il n'exagère jamais sur la lenteur. Lorsqu'il dirige, nous n'avons pas à craindre le désert du Sahara où d'autres nous conduisent parfois. Sous sa direction, *le Tasse* a déployé toutes ses richesses et le joyau *Méphisto-Walzer* a brillé plus que jamais.

Je ne peux parler que brièvement des nombreux solistes. Nous ne jugeons ni ne comparons les talents de Busoni, Friedheim et Risler. On se contente de les admirer. Cependant, si un prix devait être décerné, je le donnerais à Risler pour son interprétation magistrale de la grande *Sonate en si mineur* . Il en a profité sous toutes les formes, dans toute sa puissance et dans toute sa délicatesse. Lorsqu'elle est donnée de cette manière, c'est l'une des plus belles sonates que l'on puisse imaginer. Mais une telle performance est rare, car elle dépasse la moyenne des artistes. La force d'un athlète, la légèreté d'un oiseau, le caprice, le charme et une parfaite compréhension du style en général et du style de ce compositeur en particulier sont les qualifications nécessaires pour interpréter cette œuvre. C'est bien trop difficile pour la plupart *des virtuoses* , aussi talentueux soient-ils.

Parmi les chanteuses, je ne citerai que Madame Cahier de l'Opéra de Vienne. C'est une grande artiste avec une voix merveilleuse et son interprétation de plusieurs *lieder* en valait merveilleusement la peine. Madame Cahier interprétait le rôle de Dalila à Vienne avec Dalmores, on comprend donc aisément combien j'ai pris de plaisir à l'entendre.

Un dernier mot sur la Symphonie de Dante. J'ai lu quelque part que Liszt utilisait des pages pour produire un effet que Berlioz a réalisé dans l'apparition de Méphistophélès dans *Faust* à trois notes. Cette comparaison est injuste. L'heureuse découverte de Berlioz est une œuvre de génie et lui seul aurait pu l'inventer. Mais l'apparition soudaine du Diable est une chose et la représentation de l'Enfer en est une autre. Berlioz a tenté une telle représentation à la fin de La Damnation, et malgré le vocabulaire étrange du chœur, « Irimiru Karabrao, Sat raik Irkimour », et d'autres jolis trucs, il n'y a pas mieux réussi que Liszt. En réalité, c'est le contraire qui s'est produit.

CHAPITRE XIII

LE REQUIEM DE BERLIOZ

La lecture de la partition du *Requiem de Berlioz* la fait paraître singulièrement démodée, mais cela est vrai de la plupart des drames romantiques, qui, comme le *Requiem* , se montrent mieux dans l'exécution réelle. Il est facile de pester contre la véhémence des romantiques, mais il n'est pas si facile d'égaler l'effet d' *Hernani* , *de Lucrèce Borgia* et de la *Symphonie fantastique* sur le public. Car, malgré tous leurs défauts, ces ouvrages eurent un merveilleux succès. La vérité est que leur véhémence était sincère et non artificielle. Les romantiques avaient foi en leurs œuvres et rien de tel que la foi pour produire des résultats durables.

Reicha et Leuseur furent, on le sait, les professeurs de Berlioz. Leuseur est l'auteur de nombreuses œuvres et a écrit de nombreuses musiques religieuses. Certaines de ses œuvres religieuses étaient vraiment belles, mais il avait d'étranges obsessions. Berlioz admirait beaucoup son maître et ne pouvait s'empêcher de montrer, notamment dans ses œuvres antérieures, des traces de cette admiration. D'où des passages syncopés et saccadés, sans rime ni raison et qui ne s'expliquent que par son imitation inconsciente des défauts de Leuseur. En imitant un modèle, les ressemblances se produisent dans les défauts et non dans les excellences, car ces dernières sont inimitables. Les excellences du *Requiem* ne sont donc pas dues à Leuseur mais à Berlioz. Il s'était déjà débarrassé des entraves de l'école et avait montré toute la richesse de sa vigoureuse originalité qui fait la valeur de ses partitions.

Dans ses *Mémoires* Berlioz raconte les tribulations de son *Requiem* . Elle fut ordonnée par le gouvernement, un temps mise de côté, et finalement exécutée aux Invalides à l'occasion de la prise de Constantine (en Algérie) et des funérailles du général Damrémont. Il était étonné du manque de sympathie et même de l'hostilité réelle qu'il rencontrait. Cela aurait été plus étonnant s'il avait vécu autre chose.

Hector Berlioz

Il faut rappeler qu'à cette époque Berton, qui chantait *Quand on est toujours vertuex, on aime à voir lever l'aurore* , passait pour un grand homme. Les symphonies de Beethoven étaient une nouveauté, du moins à Paris, et un scandale. Les symphonies de Haydn ont inspiré un critique à écrire : « Quel bruit, quel bruit ! » Les orchestres n'étaient que des collections de trente ou quarante musiciens.

On imagine donc la stupéfaction et l'horreur lorsqu'un jeune homme, tout juste sorti de l'école, réclama cinquante violons, vingt altos, vingt violoncelles, dix-huit contrebasses, quatre flûtes, quatre hautbois, quatre clarinettes, huit bassons, douze cors et un chœur de deux cents voix au minimum. Et ce n'est pas tout. Le *Tuba Mirum* nécessite l'ajout de trente-huit trompettes et trombones, répartis en quatre orchestres et placés aux quatre points cardinaux. En outre, il doit y avoir huit paires de tambours, jouées par dix batteurs, quatre tam-tams et dix cymbales.

L'histoire de cette panoplie de tambours est plutôt intéressante. Reicha, le premier professeur de Berlioz, eut l'idée originale de jouer des coups de batterie en accords de trois ou quatre temps. Afin d'expérimenter cet effet, il compose une pièce chorale, *L'Harmonie des Sphères* , qui fut publiée à l'occasion de son *Traité d'Harmonie* . Mais le génie de Reicha ne suffisait pas à cette tâche. C'était un bon musicien, mais pas plus. Sa pièce chorale était insignifiante et restait lettre morte. Berlioz a récupéré cet effet perdu et l'a utilisé dans son *Tuba Mirum* .

Il faut cependant avouer que cet effet n'est pas à la hauteur des attentes. Dans une église ou une salle de concert, nous entendons un mélange confus et terrifiant de sons, et de temps en temps nous constatons un changement dans la profondeur du ton, mais nous ne parvenons pas à distinguer la hauteur des accords.

Je n'oublierai jamais l'impression que m'a fait ce *Tuba Mirum lorsque je l'ai entendu pour la première fois à Saint-Eustache sous la direction même de Berlioz*. Cela équivalait à une négligence totale des orientations de l'auteur. Le début de l'œuvre est marqué *moderato* , plus tard, à mesure que les cuivres entrent, le mouvement s'accélère et devient *andante maestro* . La plupart du temps, le *moderato* était interprété comme un *allegro* , et l' *andante maestro* comme un simple *moderato* . Si la fanfare terrible n'était pas devenue, comme on osa l'appeler, un « départ à la chasse », elle aurait pu être l'accompagnement de l'entrée d'un souverain dans sa capitale. Pour donner à cette fanfare son caractère grandiose, l'auteur ne s'est pas facilement réfugié dans les lamentations d'un ton mineur, mais il a fait irruption dans les splendeurs d'un ton majeur. Seule une certaine grandeur du mouvement peut conserver sa gigantesque qualité et son impression de puissance.

Fidèle à toutes ses bonnes intentions, en essayant de nous donner une idée du jugement dernier par son accumulation de cuivres, de tambours, de cymbales et de tam-tams, Berlioz nous fait penser à Thor parmi les géants essayant de vider la corne à boire qui était rempli de la mer, et ne réussit qu'à l'abaisser un peu. Pourtant, même cela était un exploit.

Tuba Mirum de Mozart avec son unique trombone. « Un trombone », s'exclame-t-il, « alors que cent ne seraient pas de trop ! » Berlioz voulait nous faire réellement entendre les trompettes des archanges. Mozart, avec les sept notes de son unique trombone, a suggéré la même idée et cette suggestion est suffisante.

Mais il ne faut pas oublier que nous sommes ici au milieu d'un monde de romantisme, dans un monde de couleurs et de pittoresque, qui ne pouvait se contenter de si peu. Et il faut s'en souvenir, si l'on ne veut pas être irrité par les bizarreries de *L'Hostias* , avec ses graves notes de trombone qui semblent venir du plus profond de l'Enfer. Il ne sert à rien de chercher à savoir ce que signifient ces notes. Berlioz nous a dit lui-même qu'il avait découvert ces notes à une époque où elles étaient quasiment inconnues et qu'il souhaitait les utiliser. Le contraste entre ces notes terrifiantes et les gémissements des flûtes est particulièrement curieux. Nous ne trouvons rien d'analogue ailleurs.

Le délicieux *Purgatoire* , où l'auteur voit un chœur d'âmes au Purgatoire, est bien meilleur. Son Purgatoire n'a de châtiments ni de chagrins que l'attente, la longue et douloureuse attente du bonheur éternel. Il y a une procession dans laquelle la fugue et la mélodie alternent de la manière la plus heureuse.

Il y a des soupirs et des plaintes, tous obsédants par leur extrême expressivité, une grande variété sous une apparence de monotonie, et de temps en temps deux notes lamentables. Ces notes sont toujours les mêmes, comme le chœur les donne en guise de plainte, et elles sont à la fois touchantes et artistiques. À la fin vient un faible rayon de lumière et d'espoir. C'est le seul dans l'ouvrage, à l'exception de l'Amen à la fin, car il ne faut pas chercher ici la Foi et l'Espérance. Les supplications ressemblent à des prières auxquelles on n'attend pas de réponse. Personne n'oserait qualifier cette œuvre de profane, mais la question est de savoir si elle est religieuse ou non. Comme le dit Boschot, ce qu'elle exprime avant tout, c'est la terreur en présence de l'anéantissement.

Lorsque le *Requiem* fut joué au Trocadéro, le public fut très impressionné et sortit lentement. Ils n'ont pas dit : « Quel chef-d'œuvre ! » mais "Quel chef d'orchestre !" Aujourd'hui, on va voir un chef diriger l'orchestre comme on va entendre un ténor, et on s'arroge le droit de juger les chefs comme on juge les ténors. Mais quel beau sport c'est ! Les qualités d'un chef d'orchestre que le public apprécie sont son élégance, sa gestuelle, sa précision et l'expressivité de ses mimiques, qui s'adressent plus souvent au public qu'à l'orchestre. Mais toutes ces choses sont d'une importance secondaire. Ce qui fait la valeur d'un chef d'orchestre, c'est l'excellence d'exécution qu'il obtient des musiciens et l'interprétation parfaite du sens de l'auteur, que le public ne comprend pas. Si un détail aussi important que le sens de l'auteur est obscur et méconnu, si une œuvre est défigurée par des mouvements absurdes et par une expression tout autre que celle voulue par l'auteur, le public peut être ébloui et un chef d'orchestre exécrable, pourvu que ses poses soient bon, peut fasciner son public et être porté aux nues.

Autrefois, le chef d'orchestre ne saluait jamais son public. Il était entendu que c'était l'œuvre et non le chef d'orchestre qui était applaudie. Les Italiens et les Allemands ont changé tout cela. Lamoureux fut le premier à introduire cette coutume exotique en France. Le public a été un peu surpris au début, mais il s'y est vite habitué. En Italie, le chef d'orchestre monte sur scène avec les artistes pour saluer le public. Il n'y a rien de plus risible que de le voir, alors que s'éteint la dernière note d'un opéra, sauter de son pupitre et courir comme un fou pour atteindre la scène à temps.

L'excellence du travail des choristes anglais a été hautement et à juste titre louée. Peut-être serait-il plus juste de ne pas les louer sans réserve alors que nous sommes si sévères envers nous-mêmes. La justice laisse souvent à désirer. En tout cas, il faut reconnaître que Berlioz traitait les voix d'une manière malheureuse. Comme Beethoven, il ne faisait aucune distinction entre une partie pour voix et un instrument. Si, hormis quelques rares passages, elle ne tombe pas aussi bas que les atrocités qui défigurent la grandiose *Messe en ré* , la partie vocale du *Requiem* est maladroitement écrite.

Les chanteurs y sont mal à l'aise, car le timbre et la régularité de la voix supportent un tel traitement. Le rôle du ténor est tellement écrit qu'il faut le féliciter de s'en être sorti sans accident, et on ne peut plus rien attendre de lui.

Quel dommage que Berlioz ne soit pas tombé amoureux d'une chanteuse italienne au lieu d'une tragédienne anglaise ! Cupidon aurait pu faire un miracle. L'auteur du *Requiem* n'aurait rien perdu de ses qualités, mais il aurait pu acquérir ce qu'on appelle, faute d'une meilleure expression, le doigté de la voix, l'art de la manier intelligemment et de la faire céder sans bruit. effort le meilleur effet dont il est capable. Mais Berlioz avait même une horreur de la langue italienne, si musicale soit-elle. Comme il le dit dans ses *Mémoires*, cette aversion lui cachait la vraie valeur de *Don Juan* et *des Noces de Figaro*. On se demande s'il savait que son idole, Gluck, écrivait de la musique pour des textes italiens non seulement dans le cas de ses premières œuvres mais aussi dans *Orphée* et *Alceste*. Et s'il savait que l'air « *O malheureuse Iphigénie* » était une chanson italienne mal traduite en français. Peut-être ignorait-il tout cela dans sa jeunesse, car Berlioz était un génie, pas un érudit.

Le mot génie raconte toute l'histoire. Berlioz écrivait mal. Il maltraitait les voix et se permettait parfois les bizarreries les plus étranges. Il reste néanmoins l'une des figures marquantes de l'art musical. Ses grandes œuvres nous rappellent les Alpes avec leurs forêts, leurs glaciers, leur soleil, leurs cascades et leurs gouffres. Il y a des gens qui n'aiment pas les Alpes. Tant pis pour eux.

CHAPITRE XIV

PAULINE VIARDOT

Alfred de Musset a couvert le tombeau de Maria Malibran de fleurs immortelles et il nous a également raconté l'histoire des débuts de Pauline Garcia. Il y a aussi quelque chose de cela dans les écrits de Théophile Gautier. Il ressort clairement des deux récits que sa première apparition était une occasion extraordinaire. Des natures comme la sienne se révèlent immédiatement à ceux qui savent et n'ont pas besoin d'attendre pour arriver qu'elles soient en pleine floraison. Pauline était alors très jeune et épousa peu après M. Viardot, directeur du Théâtre-Italien et l'un des meilleurs hommes de son temps. Elle part à l'étranger pour développer son talent, mais elle revient en 1849 lorsque Meyerbeer la nomme pour créer le rôle de Fidès dans *Le Prophète* .

Sa voix était d'une puissance extraordinaire, d'une étendue prodigieuse, et elle surmontait toutes les difficultés de l'art du chant. Mais cette voix merveilleuse ne plaisait pas à tout le monde, car elle n'était en aucun cas douce et veloutée. En effet, il était un peu âpre et s'apparentait au goût d'une orange amère. Mais ce n'était que la voix d'une tragédie ou d'une épopée, car elle était surhumaine plutôt qu'humaine. Les choses légères comme les chansons espagnoles et les mazurkas de Chopin, qu'elle transposait pour pouvoir les chanter, étaient complètement transformées par cette voix et devenaient les jouets d'une amazone ou d'une géante. Elle prêtait une grandeur incomparable aux rôles tragiques et à la dignité sévère de l'oratorio.

Je n'ai jamais eu le plaisir d'entendre Madame Malibran, mais Rossini m'a parlé d'elle. Il préférait sa sœur. Madame Malibran, disait-il, avait l'avantage de la beauté. De plus, elle est morte jeune et a laissé le souvenir d'une artiste en pleine possession de tous ses pouvoirs. Elle n'était pas l'égale de sa sœur en tant que musicienne et n'aurait pas pu survivre au déclin de sa voix comme cette dernière.

Madame Viardot n'était pas belle, elle en était même loin. Le portrait d'Ary Scheffer est le seul qui montre fidèlement cette femme sans égal et donne une idée de sa fascination étrange et puissante. Ce qui la rendait encore plus captivante que son talent de chanteuse, c'était sa personnalité, l'une des plus étonnantes que j'aie jamais connues. Elle parlait et écrivait couramment l'espagnol, le français, l'italien, l'anglais et l'allemand. Elle était en contact avec toute la littérature actuelle de ces pays et en correspondance avec des gens de toute l'Europe.

Elle ne se rappelait pas quand elle avait appris la musique. Dans la famille Garcia, la musique était dans l'air qu'ils respiraient. Elle protestait donc contre la tradition qui représentait son père comme un tyran qui fouettait ses filles pour les faire chanter. Je ne sais pas comment elle a appris les secrets de la composition, mais hormis la direction de l'orchestre, elle les connaissait bien. Elle a écrit de nombreux *lieder* sur des textes espagnols et allemands et tous témoignent d'une diction irréprochable. Mais contrairement à l'habitude de la plupart des compositeurs qui n'aiment rien de mieux que de montrer leurs compositions, elle a caché les siennes comme s'il s'agissait d'indiscrétions. Il était extrêmement difficile de la persuader de les faire entendre, même si les moindres étaient fort honorables. Un jour, elle a chanté une chanson populaire espagnole, une chanson sauvage et envoûtante, dont Rubinstein est tombé follement amoureux. Il lui fallut plusieurs années avant d'admettre qu'elle l'avait écrit elle-même.

Mme. Pauline Viardot

Elle écrivit de brillantes opérettes en collaboration avec Tourguenief, mais elles ne furent jamais publiées et n'étaient jouées qu'en privé. Une anecdote montrera sa polyvalence en tant que compositrice. Elle était une amie de Chopin et de Liszt et ses goûts étaient fortement futuristes. M. Viardot, au contraire, était un réactionnaire en musique. Il trouvait même Beethoven trop avancé. Un jour, ils eurent un invité qui était aussi un réactionnaire. Madame Viardot leur chanta une œuvre merveilleuse avec récitatif, air et allegro final, qu'ils portèrent aux nues. Elle l'avait écrit expressément pour l'occasion. J'ai lu cet ouvrage et même le plus intelligent aurait été trompé.

Mais il ne faut pas en conclure que ses compositions soient de simples imitations. Au contraire, ils étaient extrêmement originaux. La seule explication pour laquelle ceux qui ont été publiés sont restés inconnus et pourquoi tant de sont inédits est que cet admirable artiste avait horreur de la publicité. Elle a passé la moitié de sa vie à enseigner aux élèves et le monde n'en savait rien.

Sous l'Empire, les Viardot donnaient le jeudi soir dans leur appartement de très belles fêtes musicales dont mes contemporains survivants se souviennent encore. Du salon où était accroché le célèbre portrait d'Ary Scheffer et qui était consacré à la musique instrumentale et vocale ordinaire, nous descendions un petit escalier jusqu'à une galerie remplie de tableaux précieux, et enfin à un orgue exquis, l'un des orgue de Cavaillé-Coll. chefs-d'œuvre. Dans ce temple dédié à la musique, nous écoutions des airs des oratorios de Haendel et de Mendelssohn. Elle les avait chantés à Londres, mais ne pouvait pas les entendre lors des concerts à Paris car ils étaient opposés à des compositions aussi vastes. J'ai eu l'honneur d'être son accompagnatrice régulière tant à l'orgue qu'au piano.

Mais ce passionné de chant était un musicien complet. Elle jouait admirablement du piano et, lorsqu'elle était entre amis, elle surmontait les plus grandes difficultés. Avant ses audiences du jeudi, elle s'est toutefois limitée à la musique de chambre, avec une préférence particulière pour les duos pour piano et violon d'Henri Reber. Ces œuvres artistiques et délicates sont inconnues des amateurs d'aujourd'hui. Ils semblent préférer le pur jus de raisin dans des verres de cristal aux potions empoisonnées dans des coupes d'or. Il leur faut des orgies, des plafonds somptueux, un luxe mortel. Ils ne comprennent pas le poète qui chante : « *O rus, quando te aspiciam !* « Ils n'apprécient pas la grande distinction de la simplicité. La muse de Reber n'est pas pour eux.

Madame Viardot était une musicienne érudite comme on peut l'être et elle fut parmi les premiers abonnés à l'édition complète des œuvres de Sébastien Bach. Nous savons à quel point cette œuvre a été une révélation étonnante. Chaque année apportait dix cantates religieuses, et chaque année nous apportait de nouvelles surprises par la variété inattendue et l'impressionnante œuvre. Nous pensions connaître Sébastien Bach, mais nous avons maintenant appris à le connaître réellement. Nous avons trouvé en lui un écrivain d'une polyvalence inhabituelle et un grand poète. Son *Wohltemperirte Klavier* ne nous avait donné qu'un aperçu de tout cela. Les beautés de cette œuvre célèbre méritaient d'être exposées car, en l'absence d'instructions précises, les opinions divergeaient. Dans les cantates, le sens des mots sert d'indication et, à travers l'analogie entre les formes d'expression, il est facile de voir assez clairement ce que l'auteur voulait dire dans ses pièces *du Klavier*
.

Un beau jour, on découvrit dans le volume annuel une cantate en plusieurs parties écrite pour un contralto solo accompagné d'instruments à cordes, de hautbois et d'un orgue obligé. L'orgue était là et l'organiste aussi. Nous rassemblâmes donc les instruments, Stockhausen, le baryton, fut nommé chef du petit orchestre, et Madame Viardot chanta la cantate. Je soupçonne que l'auteur n'avait jamais entendu son œuvre chantée de cette manière. Je chéris le souvenir de ce jour comme l'un des plus précieux de ma carrière musicale. Ma mère et M. Viardot étaient les seuls auditeurs de cette exposition exceptionnelle. Nous n'avons pas osé le répéter devant des auditeurs qui n'y étaient pas prêts. Ce qui serait aujourd'hui un grand succès aurait échoué à ce moment-là. Et rien n'est plus irritant que de voir un public froid devant une belle œuvre. Il vaut bien mieux garder pour soi des trésors qui ne seront pas appréciés.

Une chose fera toujours obstacle à la vogue des œuvres vocales de Sebastian Bach : la difficulté de la traduction. Lorsqu'ils sont traduits en français, ils perdent tout leur charme et deviennent souvent ridicules.

L'une des caractéristiques les plus étonnantes du talent de Madame Viardot était son étonnante facilité à assimiler tous les styles de musique. Elle a été formée à la vieille musique italienne et elle en a révélé les beautés comme personne ne l'a jamais fait. Quant à moi, je n'en voyais que des défauts. Puis elle chanta Schumann et Gluck et même Glinka qu'elle chanta en russe. Rien ne lui était étranger ; elle était chez elle partout.

Elle était une grande amie de Chopin et se souvenait presque exactement de son jeu et pouvait donner les indications les plus précieuses sur la manière dont il interprétait ses œuvres. J'ai appris d'elle que l'exécution du grand pianiste (ou plutôt du grand musicien) était beaucoup plus simple qu'on ne le suppose généralement. C'était aussi loin de toute manifestation de mauvais goût que de toute froide correction. Elle m'a confié le secret du vrai *tempo rubato* sans lequel la musique de Chopin est défigurée. Elle ne ressemble en rien aux dislocations par lesquelles elle est si souvent caricaturée.

J'ai parlé de son grand talent de pianiste. Nous l'avons vu un soir lors d'un concert donné par Madame Schumann. Après que Madame Viardot eut chanté quelques *lieder* de Schumann avec le grand pianiste qui les accompagnait, les deux grands artistes jouèrent *avec une égale virtuosité le duo pour deux pianos de l'illustre auteur, assez hérissé de difficultés* .

Lorsque la voix de Madame Viardot commença à se briser, on lui conseilla de se consacrer au piano. Si elle l'avait fait, elle aurait trouvé une nouvelle carrière et une seconde réputation. Mais elle ne voulait pas opérer ce changement et, pendant plusieurs années, elle offrit le triste spectacle du génie aux prises avec l'adversité. Sa voix était brisée, têtue, inégale et intermittente. Une génération entière ne l'a connue que sous un aspect indigne d'elle.

Son amour immodéré pour la musique fut la cause de la modification précoce de sa voix. Elle voulait chanter tout ce qu'elle voulait et elle chanta Valentine dans *Les Huguenots* , Donna Anna dans *Don Juan* , ainsi que d'autres rôles qu'elle n'aurait jamais dû assumer si elle voulait conserver sa voix. Elle s'en est rendu compte à la fin de sa vie. « Ne faites pas comme moi », a-t-elle dit un jour à un élève. "Je voulais tout chanter et j'ai gâché ma voix."

Heureuses les natures ardentes qui s'embrasent et se glorifient de l'épée qui use le fourreau.

CHAPITRE XV

ORPHÉE

Nous le savons, ou plutôt nous le savions, car nous commençons à oublier qu'il existe une admirable édition des principaux ouvrages de Gluck. Cette édition est due à l'intérêt d'une femme hors du commun, Mlle. Fanny Pelletan, qui consacra une partie de sa fortune à ce véritable monument et à réaliser un souhait exprimé par Berlioz dans une de ses œuvres. Mlle. Pelletan était une femme exceptionnellement intelligente et une musicienne accomplie, mais elle avait besoin de quelqu'un pour l'aider dans cette tâche vaste et redoutable. Elle était modeste et se méfiait de ses propres forces, si bien qu'elle s'assura comme collaborateur un musicien allemand, nommé Damcke, qui vivait longtemps à Paris et qui était très estimé. Il lui apporta le soutien moral dont elle avait besoin, mais aussi quelques mauvais conseils qu'elle se sentit obligée de suivre. Cette collaboration explique le changement des parties de contralto en contre-ténors. Cela explique également le fait que dans tous les cas les parties des clarinettes sont indiquées en do, attribuant ainsi à l'auteur une intention formelle qu'il n'a jamais eue. Gluck écrivit les parties pour clarinettes sans se soucier de savoir si l'interprète, à qui il laissait la liberté de choix et le travail de transposition, utiliserait son instrument en do, si ou la. Cette méthode n'était pas particulière à Gluck. D'autres compositeurs l'ont également utilisé et on en retrouve des traces jusque dans les œuvres d'Auber.

Après la mort de Damcke, Mlle. Pelletan m'a demandé de l'aider dans ce travail. J'ai voulu changer de méthode, mais l'édition aurait perdu son unité et elle n'y aurait pas consenti. Il était temps que la collaboration de Damcke prenne fin. Il appartenait à la tribu des professeurs allemands devenus depuis légion. En raison de leur influence néfaste, dans peu de temps, lorsque les anciennes éditions auront disparu, les œuvres de Haydn, de Mozart et de Beethoven, voire de Chopin, seront presque méconnaissables. Les œuvres de Sébastien Bach et de Haendel seront les seules à exister dans leur pureté de forme immaculée, grâce aux admirables éditions de la *Bach und Händel Gesselschaft* . Quand Mlle. Pelletan m'a entraîné dans l'ouvrage, les deux *Iphigénie* étaient publiées ; *Alceste* allait arriver, et *Armide* était prête. Dans *Armide,* Damcke avait été entièrement emporté par son zèle pour les « améliorations », un zèle qui peut faire tant de mal. Il était temps que cela cesse. Non seulement il avait corrigé ici et là des défauts imaginaires, mais il avait aussi inséré des choses de sa propre invention. Il était même allé jusqu'à réorchestrer la musique du ballet, croyant naïvement faire ressortir mieux que lui-même le véritable sens de l'auteur. Il me fallut énormément de temps pour réparer ce mal, car je me méfiais un peu de mes propres lumières et de Mlle.

Pelletan avait une trop haute opinion de l'œuvre de Damcke et n'osait pas passer outre son jugement.

Cette excellente femme n'a pas vécu assez longtemps pour voir la fin de son œuvre. Elle commença la préparation d'Orphée, mais elle mourut presque aussitôt. Je me suis donc retrouvé seul à terminer la partition, sans cette expérience précieuse et cette perspicacité magistrale grâce auxquelles elle résolvait les problèmes les plus difficiles. Et il y avait de véritables énigmes à résoudre à chaque étape. Les anciennes partitions gravées des œuvres de Gluck reproduisaient assez fidèlement ses manuscrits, mais elles témoignaient d'une négligence et d'une inexactitude étonnante. Ce ne sont que des esquisses plutôt que des partitions complètes. De nombreux détails sont vagues et le flou n'est pas permis dans une édition sérieuse. Il s'ensuit que les différentes éditions des œuvres de Gluck publiées au XIXe siècle, aussi somptueuses ou soignées soient-elles, ne valent rien. Seule l'édition Pelletan peut être consultée en toute confiance, car nous étions les seuls à disposer de tous les documents existants et authentiques dans la bibliothèque de l'Opéra pour nous redresser. Nous avions des partitions copiées pour des performances réelles sur scène et des parties de parties orchestrales d'une valeur incalculable. De plus, nous n'avions aucun but ni préoccupation en élaborant ce matériel autre que celui de reconstituer au plus près la pensée de l'auteur.

La Suisse est un pays où les productions artistiques ne sont pas rares. Chaque année, on rapporte des représentations grandioses auxquelles le peuple participe lui-même. Ils viennent de toutes parts pour venir en aide, même de très loin, grâce aux nombreux moyens de communication de ce pays enchanteur. Il n'est donc pas étonnant d'apprendre qu'un théâtre a été construit dans la jolie ville de Mézières, près de Lusanne, pour la représentation des œuvres d'un jeune poète, nommé Morax. Ces œuvres sont des drames à chœurs, et la campagne environnante fournit les chanteurs. L'œuvre donnée en 1911 était Allenor — la musique de Gustave Doret — et elle eut un grand succès.

Gustave Doret est un véritable artiste et il n'a jamais songé à garder le Théâtre du Jorat pour son usage exclusif. Il rêvait de donner les œuvres de Gluck dans leur forme originale, car elles sont toujours altérées et changées selon les fantaisies ou l'incompétence des interprètes ou des metteurs en scène. Ils formèrent un comité important et influent et un important fonds de garantie fut souscrit. Puis ils donnèrent un brillant banquet auquel assista la princesse de Brancovan. Et Paderewski, l'un des promoteurs les plus enthousiastes de l'entreprise, a prononcé un discours éloquent. Personne ne doit s'étonner ni de son zèle, ni de son éloquence. Paderewski n'est pas seulement un pianiste

; c'est aussi un homme d'une grande intelligence, un grand artiste qui se permet le luxe de jouer à merveille du piano.

Sachant que j'avais passé plusieurs années à étudier les œuvres de Gluck à la loupe, pour ainsi dire, Gustave Doret m'a fait l'honneur de me demander mon avis. Son choix pour l'œuvre d'ouverture s'est porté sur *Orphée*, qui ne nécessite que trois protagonistes, Orphée, Eurydice et Amour. Il est devenu habituel d'en ajouter un quatrième, un Esprit Heureux, mais cet esprit est une des inventions de Carvalho et n'a aucune raison d'être.

Il existe cependant deux *Orphée*. Le premier est *Orfeo*, écrit en italien sur le texte de Calzabigi et présenté pour la première fois à Venise en 1761. Le rôle d'Orphée dans cette partition a été écrit pour un contralto et conçu pour l'eunuque Quadagni. Les graveurs vénitiens de l'époque étaient soit incompétents, soit peut-être inexistants, car les partitions de *l'Alceste de Gluck en italien et des Saisons* de Haydn étaient imprimées à partir de caractères. Quoi qu'il en soit, la partition d'*Orfeo* fut gravée à Paris. Le compositeur Philidor corrigea les épreuves. Il ne pensait pas qu'Orfeo *irait* un jour aussi loin à Paris, alors il s'est approprié la romance du premier acte et l'a introduite avec de légères modifications dans son opéra-comique *Le Sorcier*. Plus tard, Marie-Antoinette appellera Gluck à Paris et lui offrira ainsi l'occasion de développer pleinement son génie. Après avoir écrit *Iphigénie en Aulide*, joué en 1774, notamment pour l'Opéra, il a l'idée d'adapter *Orfeo* pour la scène française. A vrai dire, il a dû y avoir pensé avant, car *Orphée* est apparu à l'Opéra trois mois seulement après *Iphigénie* et il avait été entièrement réécrit en collaboration avec Moline. La partie de contralto avait été remplacée par celle de ténor et le rôle principal était donc confié à Legros.

S'il est vrai que l'auteur a amélioré cet ouvrage dans la version française, ce n'est pas vrai dans tous les cas. On peut se demander si l'ouverture existait dans la partition italienne. On pense généralement que c'est le cas, mais il existe d'anciennes copies de cette version qui commencent l'opéra par le chœur funèbre et ne montrent aucune ouverture. Cette ouverture, bien que le *Mercure de France* la qualifie de « belle pièce symphonique qui sert de bonne introduction à l'œuvre », ne ressemble en réalité pas du tout au style des autres. Il ne prépare en rien ce chœur admirable du début, sans égal en son genre, que le cri au cœur brisé d'Orphée : « Eurydice ! Eurydice ! ça rend tellement pathétique.

Le premier acte d'*Orfeo* se termine par un effet tumultueux des instruments à cordes qui était évidemment destiné à signaler un changement de décor et l'apparition des décors des régions infernales. Ce passage n'apparaît pas dans l'*Orphée français* et il manque dans la partition gravée, où il est remplacé par un air de bravoure au goût douteux, accompagné d'un seul quatuor. Que les régisseurs voulaient un entr'acte ou que le ténor Legros exigeait un air efficace, ou pour ces deux raisons, la lecture du manuscrit montre à quel point le sens de l'auteur a été absolument changé. Il ne fait aucun doute que, sans une telle raison, il aurait modifié cet air et l'aurait mis en harmonie avec le reste de l'œuvre.

Cet air fut longtemps attribué au compositeur Bertoni et Gluck fut accusé de le plagier. En fait, et bien au contraire, cet air provient d'un opéra italien plus ancien de Gluck. Bertoni non seulement l'a imité dans une de ses partitions, mais il a eu l'audace d'écrire un *Orfeo* sur le texte déjà suivi par Gluck dans lequel il plagiait de façon scandaleuse l'œuvre de son illustre prédécesseur.

Ce même air, changé avec un vrai génie et interprété avec un éclat prodigieux par Madame Viardot, et réorchestré par moi-même, fut une des plus fortes raisons du succès des célèbres représentations du Théâtre-Lyrique. Mais il est bien entendu qu'il ne pouvait trouver véritablement sa place dans une édition dont le seul but était la sincérité artistique et la pureté du texte.

De ce point de vue, il semblerait que la meilleure manière de donner *Orphée* serait de se conformer à la version définitive de l'auteur. Il faudrait qu'un ténor prenne le rôle d'Orphée, puisqu'il n'y a plus de contraltos masculins, et pour conserver ce genre de voix dans *Orphée* il faudrait recourir à ce qu'on appelle, en termes théâtraux, un *travesti* . Il existe cependant des obstacles à cela. Le terrain a changé depuis le XVIIIe siècle ; il a augmenté et il est désormais impossible, ou presque, de chanter le rôle écrit pour Legros. Les contraltos du chœur italien sont devenus les contre-ténors, qui, pour la même raison, se retrouvent aux prises avec des notes trop aiguës.

Au XVIIe siècle, le ton français était encore plus plat, et c'est bien dommage, car il est presque impossible d'interpréter notre musique ancienne, à cause des obstacles insurmontables. Ce n'est cependant pas le cas en Allemagne ni en Italie, et c'est la raison pour laquelle les œuvres de Sébastien Bach et de Mozart peuvent être chantées. Il en va de même pour les œuvres italiennes de Gluck.

C'est la raison pour laquelle Doret confia le rôle d'Orphée à un contralto, comme on le fait à l'Opéra-Comique. Le caractère poétique du rôle d'Orphée se prête parfaitement à une telle interprétation féminine. Mais pour reprendre la tonalité de la partition italienne, il faut remonter, au moins dans une large mesure, à l'instrumentation. Par une curieuse anomalie, le beau récitatif, accompagné du murmure des ruisseaux et des chants des oiseaux, est en do majeur dans les deux partitions. L'auteur n'aurait pas pu les changer. Au contraire, il modifia considérablement son instrumentation, la simplifia et la perfectionna.

On sait que les auteurs, au mépris total de la mythologie, ont voulu une fin heureuse et ont ainsi ramené Eurydice à la vie une seconde fois. L'amour a accompli ce miracle et l'œuvre s'est terminée par la chanson « Love Triumphs », extrêmement joyeuse et en harmonie avec la situation. Ils n'ont pas voulu de cette fin, qui était dans *Orfeo* et que Gluck a conservée dans *Orphée* , à l'ancien Théâtre-Lyrique et à l'Opéra-Comique, et ils l'ont remplacé par un chœur d'Écho et Narcisse. Ce refrain est charmant, mais cela ne l'excuse pas. La joie était ce que voulait l'auteur et cela ne donne pas de joie du tout. Le final de Gluck est considéré comme insuffisamment distingué, mais c'est une erreur. Le vrai final fut chanté à Mézières et on trouva qu'il n'était pas du tout commun, mais que sa franche gaieté était du meilleur goût.

Gluck n'avait aucun scrupule à moudre plusieurs grains du même sac et à piocher dans ses anciennes œuvres pour enrichir ses nouvelles. Ainsi, l'air parasite attribué à Bertoni a été écrit pour la première fois par Gluck en 1764 pour une soprano. Il l'a intégré dans son opéra *Aristo* en 1769. Cela est également vrai du trio *Tendre Amour* , qui précède le finale du dernier acte. Un analyste sérieux pourrait être tenté d'admirer la profonde psychologie de l'auteur mêlant des accents lugubres à des expressions de joie, mais il en aurait pour sa peine. Le trio est tiré de l'opéra *Elena e Paride* , dans lequel Gluck a exprimé des émotions très fortes. Doret n'a pas gardé ces deux passages et on ne peut pas lui en vouloir. Il conserve en revanche, en en faisant un entr'acte, le *Ballet des Furies* . Ce passage est tiré d'un ballet, *Don Giovanni o il convitato de pietra* , joué à Vienne en 1761. Ce passage servait d'accompagnement à la descente aux enfers de Don Juan, entouré de sa bande de démons.

De nombreux compatriotes de Gluck sont venus à Mézières voir *Orphée* et ils ont été suffisamment fidèles pour reconnaître la supériorité du spectacle. Certains ont même eu le courage de dire : « Nous assassinons Gluck en Allemagne ».

J'ai découvert ce fait il y a longtemps. Dans ma jeunesse, j'étais indigné en voyant Paris, où Gluck écrivait ses plus belles œuvres, en les négligeant complètement, alors que l'Allemagne continuait à les promouvoir. A cette époque, j'étais fréquemment appelé de l'autre côté du Rhin pour jouer dans des concerts, et je guettais l'occasion de voir un de ces chefs-d'œuvre oubliés en France. C'est donc avec la plus vive joie qu'un jour j'entrai dans un des principaux théâtres allemands où l'on donnait *Armide* . Quelle moquerie creuse c'était !

Madame Malten était Armide, et elle avait tout ce qu'on pouvait désirer en voix, en talent, en style, en beauté et en charme. Elle parlait français sans accent et était aussi remarquable comme actrice que comme chanteuse, elle aurait donc sans doute eu un grand succès à l'Opéra de Paris. Elle était Armide elle-même, une enchanteresse irrésistible.

Mais le reste ! Renaud était un garçon brut, et son menton rasé faisait ressortir avec un vif relief d'énormes moustaches noires aux longues pointes cirées. Il avait une voix, certes, mais pas de style et aucune compréhension de l'œuvre qu'il essayait d'interpréter.

Hidradot est un vieux sorcier trempé dans les feux de l'Enfer. Il entre en disant :

> « Je vois fort par la Mort qui me menace,
>
> Et déjà la vieillesse, qui m'a glacé le sang,
>
> Est sur moi, me courbant sous un fardeau écrasant.

Imaginez ma surprise de voir entrer sur scène un magnifique spécimen de virilité, à barbe noire frisée, dans toute la gloire de sa jeunesse et de sa vigueur superbement paré d'un manteau rouge bordé d'or !

La mise en scène était également extraordinaire. Au deuxième acte, Renaud s'est endormi au fond de la scène, obligeant Armide à raconter toute la belle scène qui suit, l'une des plus importantes du rôle, à distance de la rampe et dos au public. .

Quant à l'orchestre, tantôt il suivait le texte de Gluck, tantôt il empruntait des morceaux d'orchestration que Meyerbeer avait écrits pour l'Opéra de Berlin. Cette orchestration est intéressante et je la connais bien pour l'avoir en main. Il est juste de dire que Gluck, par quelque caprice inexplicable, n'a pas apporté le même soin à l'instrumentation d'*Armide* qu'il a apporté à *Orphée* , *Alceste* et les *Iphigénies* . Les trombones n'apparaissent pas du tout et les tambours et flûtes seulement à de rares intervalles. La réorchestration n'est pas absolument nécessaire et celle de Meyerbeer n'est pas plus répréhensible que celles dont Mozart a enrichi la *Messe* et *la Fête d'Alexandre de Haendel* . Ce qui était inadmissible, c'était de ne pas se prononcer franchement pour une version ou pour l'autre. C'était comme un manteau mal rapiécé qui montre le vieux tissu à un endroit et le nouveau à un autre.

Ensuite, j'ai vu *Armide* traité d'une autre manière.

Avez-vous déjà gardé le souvenir d'une ville charmante et pittoresque, où tout formait un tout harmonieux, où les belles promenades étaient voûtées par de vieux arbres, et y êtes-vous revenu plus tard pour la trouver embellie, les arbres coupés, les des promenades remplacées par d'énormes bâtiments qui éclipsaient jusqu'à l'insignifiance les merveilles anciennes qui donnaient à la ville son charme ?

Ce fut mon cas lorsque je revis *Armide* dans une ville que je ne nommerai pas. L'opéra avait été jugé suranné et « amélioré ». Un jeune compositeur avait écrit une nouvelle partition dans laquelle il insérait çà et là les fragments de

Gluck qu'il jugeait dignes d'être conservés. Un luxe coûteux et magnifiquement imbécile mettait en valeur le tout. On me pardonnera l'adjectif cruel quand je dis que dans la scène de la Haine, si profondément inspirée, et qui se déroule dans une sorte de grotte, ils ont relégué le chœur dans les coulisses pour faire place aux dragons, oiseaux fantastiques battant des ailes. , et autres diableries. Bien entendu, cela privait le chœur de toute sa puissance et de sa distinction.

Mais le meilleur était à la fin du deuxième acte. La forêt avec ses arbres, ses herbes et ses rochers disparut entièrement dans les mouches emportant avec elle Renaud et Armide et le spectateur se retrouva, pour une raison inconnue, face à un fond entouré de montagnes. Puis, par une merveille de mécanisme, apparut au son d'une musique ultramoderne, Renaud endormi sur un lit de cérémonie, avec Armide debout au pied et tendant la main d'un geste d'autorité, déclamant d'un ton solennel :

"Rinaldo, je t'aime!"

et le rideau tomba sous les applaudissements du public.

Nous devons beaucoup à l'Allemagne en matière de musique, car elle a produit de nombreux grands musiciens. Elle peut affronter notre trinité Corneille, Racine et Molière, les non moins glorieuses Haydn, Mozart et Beethoven. Mais l'Allemagne semble avoir perdu tout respect pour le sens de sa propre musique et pour sa propre gloire. Au lieu de veiller à la pureté du texte de ses chefs-d'œuvre, il les altère à son gré et les rend presque méconnaissables. On abuse des nuances mais elles étaient rares autrefois. Un chef d'orchestre qui interprète des symphonies de Haydn et de Mozart, voire de Beethoven, a le droit de faire des ajouts. Mais il est intolérable que les partitions soient imprimées avec ces nuances et ces courbures qui ne sont en rien dues à l'auteur et qui sont imposées par l'éditeur. Pourtant c'est ce qui se passe, et il est impossible de dire où finit le texte authentique et où commence l'interpolation. De plus, l'interpolation peut être exactement le contraire de ce que l'auteur voulait.

Ce mal atteint son paroxysme dans la musique pour piano. Nos professeurs célèbres, comme Marmontel et Le Couppey, ont publié des éditions de classiques pleines de leurs propres orientations. Mais le joueur est prévenu ; il s'agit de l'édition Marmontel ou Le Couppey et ne prétend pas à l'authenticité. En Allemagne, il existe cependant des éditions soi-disant authentiques, basées sur les originaux, mais qui superposent leurs propres inventions pernicieuses au texte de l'auteur.

Le toucher du piano était différent de ce qu'il est aujourd'hui. Les orientations des œuvres de Mozart et de Beethoven montrent qu'ils ont utilisé comme modèle l'exécution des instruments à cordes. Le toucher était plus léger et les doigts étaient relevés de manière à ce que les notes soient légèrement séparées et ne se rejoignent que lorsque cela est indiqué. On suppose que cela a dû conduire à une sécheresse du ton. Je me souviens d'avoir entendu dans mon enfance des vieillards dont le jeu était singulièrement sautillant. Ensuite, il y a eu une réaction, et avec elle une passion pour les notes floues. Quand j'étais l'élève de Stamaty, il était considéré comme très difficile de « lier » les notes ; cela ne demandait pourtant que de la dextérité et de la souplesse. "Quand elle apprendra à 'attacher', elle saura jouer", a déclaré la mère d'un jeune pianiste. Néanmoins, l'astuce du *legato perpétuel* devient excessivement monotone et enlève tout caractère aux classiques du pianoforte. Mais on y insiste partout dans les éditions allemandes modernes. Il y a partout des connexions apparemment d'une longueur interminable et des indications de *legato* , *sempre legato* , que l'auteur non seulement n'a pas indiquées, mais à des endroits où il est facile de voir qu'il voulait exactement le contraire.

Si tel est le cas, que dire du marquage des doigtés sur toutes les notes, qui rend souvent impossible un bon jeu ? Liszt a enseigné à des centaines d'élèves selon les meilleurs principes, et pourtant ces principes erronés ont prévalu !

Les disciples des clés d'ivoire sont nombreux de nos jours. Tout le monde veut avoir un piano, et tout le monde en joue ou pense le faire, ce qui n'est pas toujours la même chose, et peu de gens comprennent vraiment ce que signifie le terme « jouer du piano », si couramment utilisé.

Le clavecin régnait en maître avant l'apparition du piano, instrument aimé des uns et exécré des autres. À son grand étonnement, Reyer était considéré comme un ennemi du pianoforte. Le clavecin a été réapparu récemment, de sorte qu'il est inutile de le décrire. Il manque de force, et c'est pour cela qu'il a été détrôné à une époque où la force était primordiale. En revanche, il a de la distinction et de l'élégance. Comme l'instrumentiste ne peut pas modifier l'intensité du son par une simple pression du doigt - ce qui ressemble à l'orgue - comme l'orgue avec ses multiples claviers et registres, le clavecin a une grande variété d'effets et offre la possibilité de plusieurs octaves pour sonner simultanément. En conséquence, si la musique écrite pour le clavecin gagne en force et en expression sur l'instrument moderne, elle revêt souvent une monotonie trompeuse dont l'auteur n'est pas responsable.

Les joueurs de clavecin ignoraient les effets musculaires ; il n'y avait rien du lion déchaîné en eux. Les mains délicates d'une marquise ne perdaient rien de leur grâce en effleurant les claviers, et les touches rouges ou noires soulignaient leur blancheur.

L'introduction du marteau à la place de la petite plume permettait de modifier la qualité du son par des différences dans la pression des doigts, et aussi de produire à volonté des nuances telles que *le forte* et *le piano* , sans recourir aux différents registres. C'est la raison pour laquelle le nouvel instrument fut d'abord appelé pianoforte. Le mot était long et fastidieux et a été coupé en deux. Lorsqu'il devenait nécessaire d' *attaquer* la note, ils utilisaient l'expression « pour frapper le fort ». Les journaux qui relataient les concerts du jeune Mozart louaient sa capacité à « frapper ».

Pourtant on n'a pas frappé fort. Ces claviers aux touches limitées répondaient si facilement que les doigts d'un enfant suffisaient. J'ai joué pour la première fois sur l'un de ces instruments à l'âge de trois ans. Elle a été réalisée par Zimmerman, dont le fils était le beau-père de Gounod.

Plus tard, le poids des touches a été augmenté pour obtenir un plus grand volume sonore. Puis, lorsque *des virtuoses* aux cheveux longs , jouant de toutes leurs forces, produisaient des coups de tonnerre, ils *touchaient vraiment du piano*

.

Pour revenir à *Orphée* et terminer comme nous avons commencé, je dois faire un aveu douloureux. Si les œuvres de Gluck en général et *d'Orphée* en particulier ont eu une influence heureuse sur notre goût musical, un passage de cette dernière œuvre a eu une influence néfaste, — le fameux chœur des démons « *Quel est l'audacieux — qui dans ces sombres lieux—ose porter ses pas ?* »

Autrefois, l'opéra français était basé sur la déclamation et elle était scrupuleusement respectée jusque dans les airs. On trouve un bel exemple de cet excellent système dans le célèbre air de *Méduse de Lully* pour prouver quelle force résulte d'une relation étroite entre l'accent du vers et la musique. Gluck fut l'un des plus fervents disciples de ce système, mais *Orphée* , on le sait, était dérivé d' *Orfeo* . La question était de savoir s'il pouvait même songer à supprimer ce chœur spectaculaire et d'une force étonnante qui était l'une des principales raisons du succès de l'œuvre. Malheureusement, la musique du chœur était calquée sur le texte italien, et chaque couplet se terminait par l'accent de l'antépénulte, ce qui apparaît fréquemment en allemand et en italien, mais jamais en français. Et ils chantent :

Quel est l'au *da* ciel

Qui dans ces *som* bres lieux

Ose por *ter* ses pas

Et devant *le* trépas

Ne frémit pas ?

Le français n'ayant pas un fort accent, de telles fautes sont tolérées. Le thème de Gluck s'est imprimé dans la mémoire, de sorte qu'il a porté un coup terrible à la pureté de la prosodie. Peu à peu, nous nous en sommes tellement désintéressés qu'à l'époque d'Auber, on n'y prêtait presque plus attention. Enfin, Offenbach apparaît. Il était allemand de naissance et ses idées musicales rimaient naturellement avec l'allemand en contradiction directe avec les mots français auxquels elles s'appliquaient. Cette maladresse constante passait pour de l'originalité. Parfois il aurait fallu changer la division d'une mesure pour obtenir une mélodie correcte, comme dans la chanson :

> Un p'tit bonhomme
>
> Pas plus haut qu'ça.

Dans un tel cas, on pourrait dire qu'il a fait le mal par simple plaisir de s'égarer. Mais le goût populaire était tellement corrompu que personne ne s'en apercevait et tous ceux qui écrivaient dans une veine plus légère tombèrent dans les mêmes habitudes.

Nous devons beaucoup à André Messager pour avoir rompu avec cette manière et redressé la phraséologie musicale. Son retour aux anciennes traditions n'était pas le moindre des attraits de sa charmante *Véronique* .

Mais on s'éloigne de Gluck et *d'Orphée* , mais pas aussi loin qu'on pourrait le penser. En art, comme en tout, les extrêmes se rencontrent et il y a toutes sortes de goûts.

CHAPITRE XVI

DELSARTE

Félix Duquesnal, dans un de ses brillants articles, a écrit quelque chose sur le chanteur Delsarte, à propos de sa controverse avec Madame Carvalho. La cause de cette controverse était les leçons qu'elle avait apprises de lui. Le nom de Delsarte ne doit jamais être oublié, comme je vais essayer de l'expliquer. Madame Carvalho ne refusait pas de payer ses leçons à Delsarte, mais elle ne voulait pas être appelée son élève. Bien qu'elle ait fréquenté le Conservatoire, elle souhaite être connue uniquement comme élève de Duprez. C'est en effet Duprez qui a su faire de la « Petite Miolan », la ravissante fauvette, la grande chanteuse qui occupe une place importante sur la scène française.

Mais cela a eu un prix. Madame Carvalho m'en a parlé elle-même. Son registre médium était faible et Duprez entreprit de substituer les tons de poitrine et de développer la clarté autant que possible. « Quand j'ai commencé à travailler, dit-elle, ma mère avait peur. On aurait cru qu'on tuait un veau dans la maison.

Normalement, une telle méthode produirait une voix dure et tremblante et toute fraîcheur serait perdue. Mais dans le cas de Madame Carvalho, c'était le contraire. La fraîcheur et la pureté de sa voix étaient incomparables, tandis que la douceur et l'harmonie des registres étaient parfaites. C'était un miracle comme nous n'en reverrons probablement jamais.

Mais si Duprez faisait une voix merveilleuse au risque de la briser, j'ai toujours pensé que Mme Carvalho devait à Delsarte son admirable diction, si distinctive marque de son talent. Delsarte fut un professeur de chant désastreux et mortel. Aucune voix ne pouvait résister à ses méthodes, pas même la sienne, même s'il attribuait sa perte à l'enseignement au Conservatoire. Mais il étudiait profondément les arts de la parole et du geste, et il en était un passé maître.

Une fois, j'ai suivi un cours qu'il donnait sur ces matières. Il énonce des vérités très éclairantes et donne les raisons psychologiques des accents et les raisons physiologiques des gestes. Il a déterminé l'utilisation des gestes d'une manière scientifique. Des imaginations mystiques se mêlaient à ces questions.

C'était extrêmement intéressant de le voir décortiquer une fable de Fontaine ou un passage de Racine, et de l'entendre expliquer pourquoi il fallait mettre l'accent sur tel mot ou sur telle syllabe et non sur une autre, pour en faire ressortir le sens. Bien que ce cours fût si instructif, peu le suivirent, car Delsarte était presque inconnu du monde. Son influence ne s'étendait guère en dehors d'un cercle restreint d'admirateurs, mais la qualité compensait la quantité. C'était le cercle des anciens *Débats* , autrefois consacré exclusivement au romantisme, mais désormais aux classiques, groupe dirigé par Ingres en peinture et Reber en musique. Leur monde était isolé et ascétique, en révolte silencieuse contre les abominations du siècle. Il fallait entendre le ton de dévotion avec lequel les membres de ce cercle parlaient des anciens pour apprécier leur attitude. Rien de nos jours ne peut en donner une idée. « On dit, m'a dit un jour l'un des fidèles, que les anciens ont appris la beauté par une sorte de révélation, et que la beauté n'a cessé de dégénérer depuis. »

De telles idées fausses étaient pourtant professées par les personnes les plus sincères et les plus profondément dévouées à l'art. Ce groupe, qui n'avait aucune influence sur ses propres contemporains, jouait donc, sans le savoir ni le vouloir, un rôle utile.

Comme nous le savons, le public était divisé en deux camps. D'un côté, les partisans de la Mélodie, de l'opéra-comique, des Italiens et, avec effort, du grand opéra. A eux s'opposaient les partisans de la musique de grand style : Beethoven, Mozart, Haydn et Sébastien Bach, bien qu'il fût peu connu et le soit encore moins aujourd'hui.

Personne n'a pensé à notre vieille école française, aux compositeurs de Lulli à Gluck, qui ont produit tant d'œuvres excellentes. Reber montra la voie à Delsarte et ce dernier, naturellement antiquaire, se jeta dans ce domaine inexploré avec une vigueur surprenante. Seul le nom de Lulli était connu, tandis que Campra, Mondonville et les autres étaient entièrement oubliés. Même Gluck lui-même avait été oublié. Les éditions originales de ses partitions d'orchestre, introuvables aujourd'hui, se vendaient quelques francs dans les bouquinistes. Rameau n'a jamais été mentionné.

Delsarte, beau, éloquent et fascinant, exerçait une influence presque impériale sur sa petite coterie d'artistes. Grâce à lui, la lampe de notre vieille école française est restée allumée faiblement jusqu'au jour où la justice inhérente a permis de la ranimer. Dans ce monde restreint, aucune soirée n'était complète sans Delsarte. Il arrivait avec une histoire d'affreux maux de gorge pour justifier son absence chronique de voix, et alors, sans voix du tout, mais par une sorte de magie, il faisait frissonner le ton d'Orphée ou d'Eurydice. Je jouais souvent ses accompagnements et il exigeait toujours *du pianissimo* .

«Mais», dirais je, «l'auteur a indiqué *forte* ».

«C'est vrai», répondait-il, «mais à cette époque, le clavecin avait peu de profondeur de son.»

Il aurait été facile de répondre que l'accompagnement était écrit pour l'orchestre et non pour le clavecin.

L'exécution de Delsarte, en raison de l'insuffisance de ses capacités vocales, était souvent tout à fait différente de ce que l'auteur voulait. De plus, il ignorait absolument la manière correcte d'interpréter les appogiatures et autres marques qui ne sont plus utilisées aujourd'hui. En conséquence, son interprétation des œuvres plus anciennes était inexacte. Mais cela n'a pas d'importance, car même si les chefs-d'œuvre sont mal présentés, il reste toujours quelque chose. De plus, le chanteur et ses auditeurs avaient Faith. Il avait une façon de prononcer « Gluck » qui suscitait l'attente avant même d'entendre une note.

Delsarte donnait de temps en temps un concert. Il montait sur scène et disait qu'il avait mal à la gorge, mais qu'il essaierait de donner *le Rêve d'Iphigénie* ou quelque chose de ce genre. Son courage s'avérerait plus grand que sa force et il devrait s'arrêter. Il se rabat alors sur les chansons anciennes ou les fables de La Fontaine dans lesquelles il excelle. Un mimétisme savamment étudié, qui semblait tout à fait naturel, sous-tendait sa lecture. Un mouchoir rouge, qu'il savait tirer de sa poche au moment opportun, suscitait toujours des applaudissements.

Un jour, il eut l'idée de prononcer à son concert un sermon de Bossuet. L'autorité religieuse était alors très puissante et l'interdisait. Pourtant il n'y aurait pas eu de sacrilège, et je regrettais vivement de ne pouvoir entendre cette magnifique prose si merveilleusement prononcée. Maintenant que l'autorité religieuse a perdu son soutien laïc, nous voyons les choses d'une toute autre manière. Le Christ, la Vierge et les saints montent sur scène, parlent en prose ou en vers et chantent. Il semblerait que personne ne soit choqué puisqu'il n'y a aucune protestation. Pour ma part, je dois franchement avouer que de telles exhibitions pseudo-religieuses sont désagréables. Ils me dérangent beaucoup et je n'y vois aucune utilité.

Afin de susciter l'admiration pour les maîtres anciens, Delsarte eut l'idée de publier un recueil de pièces tirées de leurs œuvres à droite et à gauche et, en conséquence, il créa ses *Archives du Chant*. Il fit réaliser des caractères spéciaux et la publication fut une merveille de belle typographie, d'exactitude et de bon goût. Au début de chaque partie se trouvait un passage savamment harmonisé de musique d'église. L'appui d'un éditeur était nécessaire au succès d'un tel ouvrage, mais Delsarte était son propre éditeur et il ne rencontra aucun succès. Des publications similaires mais de moindre qualité ont connu un succès notable.

Delsarte visait la pureté du texte, mais ses successeurs ont été contraints de moderniser les œuvres pour les rendre accessibles au public. Ce fait est douloureux. En littérature, on étudie les textes et on s'efforce de reproduire le plus fidèlement possible la pensée de l'écrivain. En musique, c'est complètement différent. A chaque nouvelle édition, un professeur est chargé de superviser les travaux et il y ajoute quelque chose de sa propre invention.

Delsarte, chanteur sans voix, musicien imparfait, érudit douteux, guidé par une intuition qui frôlait le génie, malgré ses nombreux défauts, joua un rôle important dans l'évolution de la musique française au XIXe siècle. Ce n'était pas un homme ordinaire. L'impression qu'il donnait à tous ceux qui le connaissaient était celle d'un visionnaire, d'un apôtre. Quand on l'entendait parler avec son ardent enthousiasme de ces œuvres du passé que le monde avait oubliées, on ne pouvait que croire que cet oubli était injuste et désirer connaître ces reliques d'un autre âge.

Sans l'ombre d'un doute, je dois à sa direction le courage nécessaire pour étudier en profondeur les œuvres de la vieille école, car elles sont peu attrayantes au premier abord. Berlioz réprimanda toute cette musique. Il avait vu les œuvres de Gluck sur scène dans sa jeunesse, mais il n'y voyait rien qui ne fût « surannée et enfantin ». Avec tout le respect que je dois à la mémoire de Berlioz, elle méritait un jugement plus clément que cela. Lorsqu'on atteint les profondeurs de cette musique, même si cela peut se faire au prix de quelques efforts, on est bien récompensé de sa peine. Il y a du sentiment réel, de la grandeur et même quelque chose de pittoresque dans ces œuvres, autant que pourraient l'être les moyens dont elles disposent.

Il est normal que nous rendions hommage à la mémoire de Delsarte. Il fut un pionnier qui, toute sa vie, proclama la valeur des œuvres immortelles, que le monde méprisait. Ce n'est pas un mince mérite.

CHAPITRE XVII

SEGHERS

Pendant que Delsarte préparait le chemin du vieil opéra français et surtout des œuvres de Gluck, un autre pionnier de l'évolution musicale travaillait à former le goût du public parisien, mais avec une tout autre puissance et un autre effet. Seghers était l'homme. Il a joué un grand rôle et sa mémoire doit être honorée.

Comme son nom l'indique, Seghers était belge. Il a débuté sa vie comme violoniste et fut l'un des élèves de Baillot. Son exécution était magistrale, son ton admirable et il possédait une intelligence musicale de premier ordre. Il avait bien droit au premier rang parmi *les virtuoses* , mais cet homme, d'apparence herculéenne et tenace dans ses desseins, perdit toute sa puissance devant un public.

Il rêvait d'offrir aux amateurs de musique le dernier des quatuors de Beethoven, jugés à l'époque à la fois injouables et incompréhensibles. Finalement, il projeta une série de concerts dont, malgré mon âge – je n'avais que quinze ans – je serais le pianiste régulier. Il envisageait de donner en plus de ces quatuors quelques sonates de Bach et des trios de Reber et Schumann. J'en ai parlé un jour à sa belle-mère, alors qu'elle brodait paisiblement à la fenêtre, et je lui ai dit combien j'étais heureux à l'idée des concerts.

« Ne compte pas trop là-dessus », m'a-t-elle dit. "Il ne les donnera jamais."

Lorsque tout fut prêt, il invita une trentaine de personnes à assister à une représentation d'essai. C'était misérable. Toute la profondeur du ton avait disparu de son violon ainsi que l'habileté de ses doigts... Le projet fut abandonné.

Il restait à Maurin de tirer quelque chose de ces terribles quatuors. Maurin avait des dons particuliers. Il avait une légèreté d'archet que je n'ai jamais vue égalée chez personne et une légèreté et un charme qui enchantaient le public. Mais je peux dire en toute sincérité que l'exécution de Seghers était encore meilleure. Malheureusement pour lui, j'étais son seul auditeur.

Madame Seghers était une femme d'une grande beauté, inhabituellement intelligente et distinguée. Elle avait été une des élèves de Liszt et était une pianiste de premier ordre. Mais elle était encore plus timide que son mari : un seul auditeur suffisait à la paralyser. Lorsque Liszt enseignait à Madame Seghers, il en vint à apprécier la vraie valeur de son mari et lui confia l'éducation musicale de sa fille. C'est une indication suffisante de l'estime dans laquelle Liszt tenait Seghers. Il n'était donc pas surprenant qu'il m'ait donné des suggestions précieuses et indispensables concernant le style et le piano lui-même, car son amitié avec Liszt lui avait donné une compréhension approfondie de l'instrument.

J'ai vu et entendu Liszt pour la première fois chez Seghers. Il était réapparu à Paris après de longues années d'absence et commençait alors à paraître presque légendaire. On raconte que depuis qu'il est devenu maître de chapelle à Weimar, il se consacre à de grandes compositions et, ce qui paraît incroyable, à la « musique pour piano ». Ceux qui auraient dû savoir que Mozart était le plus grand pianiste de son temps haussèrent les épaules. Pour couronner le tout, on insinuait que Liszt mettait en musique des systèmes de philosophie.

J'ai étudié les œuvres de Liszt avec tout l'enthousiasme de mes dix-huit ans, car je le considérais déjà comme un génie et je lui attribuais, avant même de le voir, des pouvoirs de pianiste presque surhumains. Remarquable à raconter, il a dépassé la conception que je m'étais formée. Les rêves de ma jeunesse imagination n'étaient que de la prose en comparaison de l'hymne bachique évoqué par ses doigts surnaturels. Quiconque ne l'a pas entendu au sommet de sa puissance ne peut avoir la moindre idée de sa performance.

Seghers était membre de la Société des Concerts du Conservatoire. Celui-ci ne touchait qu'un public restreint et il n'existait alors aucun autre concert symphonique digne de ce nom à Paris. Et si le public était restreint, le répertoire l'était encore plus. Les symphonies de Haydn, de Mozart et de Beethoven furent jouées presque exclusivement, et celles de Mendelssohn furent introduites avec les plus grandes difficultés. Seuls des fragments de vastes compositions comme les oratorios furent donnés. Un auteur encore en vie était considéré comme un intrus. Cependant, le chef d'orchestre était autorisé à introduire un solo de sa propre sélection. Ainsi mon ami Auguste Tolbecque, qui avait plus de quatre-vingts ans, fut autorisé à donner — il jouait encore magnifiquement — mon premier *concerto* pour violoncelle que j'avais écrit pour lui. Deldevez, alors chef d'orchestre du célèbre orchestre, ne manqua pas de me dire qu'il n'avait mis mon *concerto* au programme que par considération pour Tolbecque. Autrement, ajoutait-il, il aurait préféré celui de messieurs untel.

Non seulement le public du Conservatoire connaissait peu la musique, mais le grand public n'en connaissait aucune. Les symphonies des trois grands maîtres classiques n'étaient connues des amateurs, pour la plupart, que grâce à l'arrangement pour deux pianos de Czerny.

C'est la situation lorsque Seghers quitte la Société des Concerts et fonde la Société Sainte-Cécile. Il dirigeait lui même l'orchestre. La nouvelle société tire son nom de la salle Sainte-Cécile qui se trouvait alors rue de la Chaussée d'Antin. C'était une grande salle carrée et excellente malgré les préjugés en faveur des salles aux lignes courbes pour la musique. Les surfaces courbes, comme me l'a dit un jour Cavaillé-Coll, qui était un expert en la matière, déforment le son comme les miroirs courbes déforment les images. Les salles utilisées pour la musique ne devraient donc avoir que des lignes droites. La salle Sainte-Cécile était suffisamment grande pour permettre de placer correctement et d'entendre un orchestre et un chœur complets.

Seghers a réussi à réunir un orchestre excellent et important et il a également recruté des solistes qui étaient alors jeunes mais qui sont depuis devenus des célébrités. L'orchestre était mal payé et également très indiscipliné. Je les ai vus se révolter face aux difficultés de Beethoven, et ce fut encore pire lorsque Seghers entreprit de donner Schumann qui était considéré comme le *nec plus ultra* du modernisme. Il y avait souvent de véritables émeutes. Mais on y entendit pour la première fois l'ouverture de *Manfred*, *la Symphonie en la mineur* de Mendelssohn et l'ouverture de *Tannhauser*.

L'école française moderne trouve les portes de la rue Bergère fermées, mais elle est accueillie à bras ouverts chaussée d'Antin. Parmi eux se trouvaient Reber, Gounod et Gouvy, et même des débutants comme Georges Bizet et moi. J'y ai fait ma première aventure avec ma *Symphonie en mi bémol* que j'ai écrite quand j'avais dix-sept ans. Afin de convaincre le comité de l'adopter, Seghers la proposa comme symphonie d'un auteur inconnu, qui lui avait été envoyée d'Allemagne. Les comités mordirent à l'hameçon et la symphonie, qui n'aurait probablement pas été entendue si mon nom avait été signé, fut portée aux nues.

Je me revois encore en répétition écoutant une conversation entre Berlioz et Gounod. Tous deux s'intéressèrent beaucoup à moi, si bien qu'ils parlèrent librement et discutèrent des excellences et des défauts de cette symphonie anonyme. Ils ont pris le travail au sérieux et on peut imaginer à quel point j'ai bu leurs paroles. Lorsque le voile du mystère fut levé, l'intérêt des deux grands musiciens se transforma en amitié. J'ai reçu une lettre de Gounod, que j'ai soigneusement conservée, et comme elle fait honneur à l'auteur, je me permets de la reproduire ici :

Ma chère Camille :

J'ai été officiellement informé hier que vous étiez l'auteur de la symphonie qu'ils ont jouée dimanche. Je m'en doutais ; mais maintenant que j'en suis sûr, je veux vous dire tout de suite combien j'en ai été content. Vous avez dépassé vos années ; continuez toujours — et rappelez-vous que le dimanche 11 décembre 1853, vous vous êtes obligé à devenir un grand maître.

Votre ami heureux et dévoué,

De nombreuses œuvres jusqu'alors inconnues du public parisien furent données lors de ces concerts et nulle part ailleurs. Parmi eux figuraient *la Symphonie en ut* de Schubert , des fragments de l'opéra *Préciosa* de Weber , son *ouverture du Jubel* et des symphonies de Gade, Gouvy, Gounod et Reber. Ces symphonies ne sont pas éblouissantes mais elles sont charmantes. Ils constituent un maillon intéressant dans la chaîne en or, et le public a le droit et même une sorte de devoir de les entendre. Ils aimeraient aussi les entendre, comme au Louvre ils aiment voir certains tableaux qui ne sont pas extraordinaires mais qui sont pourtant dignes de la place qu'ils occupent. C'est-à-dire si le public est réellement guidé par l'amour de l'art et ne recherche que le plaisir intellectuel au lieu des sensations et des chocs. Quelqu'un a dit récemment que là où il n'y a pas de sensation, il n'y a pas de musique. On pourrait cependant citer de nombreux passages musicaux qui manquent absolument d'émotion et qui sont néanmoins beaux au point de vue de la pure beauté esthétique. Mais qu'est-ce que je dis ? La peinture suit son propre chemin et l'émotion, le sentiment et la passion sont évoqués par le moindre paysage. Maurice Barrès a introduit cette mode et il pouvait même voir de la passion dans les rochers. Heureux celui qui peut l'y suivre.

Parmi les choses qu'on entendait alors et qu'on n'entend plus aujourd'hui, je dois surtout noter *le Corsaire* et *le Roi Lear de Berlioz* . Son nom est tellement apprécié du public d'aujourd'hui que cette négligence est à la fois injuste et injustifiable. Le grand homme lui-même vint un jour à la Société Sainte-Cécile diriger son *L'Enfance du Christ* qu'il venait d'écrire — ou plutôt *La Fuite en Egypte* qui était la seule partie de l'ouvrage qui existait alors. Il a composé le reste par la suite. Je me souviens parfaitement des représentations que dirigeait le grand homme. Ils étaient vifs et fougueux plutôt que prudents, mais un peu plus lents que ce à quoi Edouard Colonne nous a habitués. Le temps était plus rapide et les nuances plus nettes.

Malgré l'enthousiasme du chef d'orchestre et l'habileté et le talent de l'orchestre, la société menait une existence au jour le jour. Le nerf de la guerre manquait. Weckerlin dirigeait les chœurs et j'accompagnais les répétitions. L'amour de l'art nous suffisait, mais les chanteurs et les instrumentistes ne s'en contentaient pas, faute de tous émoluments. Si Seghers avait été adaptable, il aurait pu obtenir des ressources, mais ce n'était pas son point fort. Meyerbeer voulait qu'il donne sa *Struensée* et Halévy voulait une interprétation de sa *Prométhée* . Mais cela était contraire aux convictions de Seghers, et une fois sa décision prise, rien ne pouvait le faire changer d'avis. Il a néanmoins donné l'ouverture à *Struensée* et il n'aurait pas fallu beaucoup d'efforts pour donner le reste. Quant à *Prométhée* , même si la dernière partie n'est pas en harmonie avec le reste, l'œuvre méritait bien l'honneur d'une représentation que la fière société de la rue Bergère lui avait accordé. Par ces refus, Seghers se vit privé de l'appui de deux puissants protecteurs.

Pasdeloup profite astucieusement de la situation. Il avait beaucoup d'argent et, comme il connaissait sa situation financière, il se rendait aux répétitions et corrompait les artistes. Il s'agissait pour la plupart de jeunes gens nécessiteux et qui ne pouvaient refuser ses propositions séduisantes. Il tue la société de Seghers et bâtit sur ses ruines la Société des Jeunes Artistes, qui deviendra plus tard les Concerts Populaires.

Pasdeloup aimait sincèrement la musique mais c'était un musicien très ordinaire. Il n'avait pas grand-chose des sentiments et de la profonde compréhension de l'art de Seghers. Entre les mains de Seghers, les concerts populaires seraient devenus une entreprise admirable, mais Pasdeloup, malgré son zèle et son habileté, n'a pu leur donner qu'un éclat superficiel et trompeur. Seghers aurait d'ailleurs œuvré au développement de l'école française que Pasdeloup, à quelques exceptions près, a tenue sous le boisseau jusqu'en 1870. Parmi ces exceptions figuraient une symphonie de Gounod, une de Gouvy et l'ouverture des *Frances-Juges de Berlioz*. Jusqu'aux malheurs et calamités de cette année terrible, l'école symphonique française avait été réprimée et étouffée entre la Société des Concerts et les Concerts Populaires. Peut-être étaient-ils nécessaires pour que cette école puisse se libérer et donner libre cours à ses fantaisies.

CHAPITRE XVIII

ROSSINI

Il est aujourd'hui difficile de se faire une idée de la position de Rossini dans notre belle ville de Paris il y a un demi-siècle. Il s'était retiré depuis longtemps de la vie active, mais il avait une plus grande réputation dans son oisiveté que bien d'autres dans leur activité. Tout Paris sollicitait l'honneur d'être admis dans son magnifique appartement aux hautes fenêtres. Comme le demi-dieu ne sortait jamais le soir, ses amis étaient toujours sûrs de le retrouver chez eux. A un moment ou à un autre, toutes sortes de milieux mondains se côtoyaient à ses grandes soirées. Les chanteurs les plus brillants et les virtuoses les plus célèbres se produisaient à ces « soirées ». Le maître était entouré de courtisans, mais ceux-ci ne l'influençaient pas, car il connaissait leur vraie valeur. Il dirigeait ses fidèles avec la hauteur d'un être supérieur qui ne daigne pas se révéler au premier venu. La question est de savoir comment il en est arrivé à être tenu en un tel honneur.

Ses œuvres, hormis *Barbier* et *Guillaume Tell*, et certaines représentations de *Moïse*, appartenaient au passé. Ils allaient toujours voir *Otello* au Théâtre-Italien, mais c'était pour entendre C diesis de Tamberlick. Rossini se faisait si peu d'illusions qu'il tenta de s'opposer aux efforts visant à faire inscrire *Sémiramide* au répertoire de l'Opéra. Et pourtant, le public parisien l'adorait.

Ce public — je parle maintenant du public musical ou ce qu'on appelle ainsi — était divisé en deux camps hostiles. Il y avait les amateurs de mélodie qui étaient en grande majorité et parmi eux les critiques musicaux ; et, de l'autre côté, les abonnés du Conservatoire et des quatuors Maurin, Alard et Amingaud. Ils étaient adeptes de la musique savante ; des « poseurs », disaient d'autres, qui feignaient d'admirer des œuvres qu'ils ne comprenaient pas du tout.

Il n'y avait pas de mélodie chez Beethoven ; certains ont même nié qu'il y en ait chez Mozart. La mélodie ne se trouvait, nous dit-on, que dans les œuvres de l'école italienne, dont Rossini était le chef, et dans l'école d'Hérold et d'Auber, qui descendait de l'Italie.

Les Mélodistes considéraient Rossini comme leur porte-drapeau, un symbole autour duquel se rallier, même s'ils venaient d'obtenir de bons prix pour ses œuvres dans les brocantes et les laissaient désormais tomber dans l'oubli.

De quelques paroles qu'il a laissées échapper au cours de notre intimité, je peux affirmer que cette négligence lui a été douloureuse. Mais c'était une juste — peut-être trop juste rétribution de la fatalité avec laquelle Rossini, malgré lui sans doute, a servi d'arme contre Beethoven. La première rencontre eut lieu à Vienne où le succès de *Tancrède* écrasa à jamais les ambitions dramatiques de l'auteur de *Fidelio* ; plus tard, à Paris, ils utilisèrent *Guillaume Tell* pour lutter contre l'invasion croissante de la symphonie et de la musique de chambre.

J'avais vingt ans lorsque M. et Mme. Viardot m'a présenté Rossini. Il m'invitait à ses petites réceptions du soir et me recevait avec sa cordialité habituelle, un peu dénuée de sens. Au bout d'un mois, lorsqu'il a constaté que je ne demandais à être entendu ni comme pianiste ni comme compositeur, il a changé d'attitude. «Viens me voir demain matin», dit-il. "Nous pouvons alors parler."

Je n'ai pas tardé à répondre à cette invitation flatteuse et j'ai découvert un Rossini bien différent de celui de la soirée. Il était extrêmement intéressé et ouvert d'esprit aux idées qui, si elles n'étaient pas avancées, étaient au moins larges et nobles. Il en donna la preuve lorsque la célèbre *Messe de Liszt* fut jouée pour la première fois à Saint-Eustache. Il prend sa défense face à une opposition quasi unanime.

Il m'a dit un jour,

« Vous avez écrit un duo pour flûte et clarinette pour Dorus et Leroy. Ne leur demanderez-vous pas de le jouer lors d'une de mes soirées ?

Il n'était pas nécessaire de presser les deux grands artistes. C'est alors qu'une chose inouïe s'est produite. Comme il n'avait jamais de programme écrit dans de telles occasions, Rossini réussit à faire croire que le duo était le sien. On imagine aisément le succès de la pièce dans ces conditions. Le rappel terminé, Rossini m'emmena dans la salle à manger et me fit asseoir près de lui, me tenant par la main pour que je ne puisse pas m'échapper. Un cortège d'admirateurs flatteurs passait devant lui. Ah ! Maître! Quel chef-d'œuvre ! Merveilleux!

Et quand la victime eut épuisé les ressources du langage élogieux, Rossini répondit doucement :

"Je suis d'accord avec toi. Mais ce duo n'était pas le mien ; il a été écrit par ce monsieur.

Une telle gentillesse combinée à une telle ingéniosité en dit plus sur le grand homme que bien des volumes de commentaires. Car Rossini était un grand homme. Les jeunes d'aujourd'hui ne sont pas en mesure de juger ses œuvres, écrites, comme il le dit lui-même, pour des chanteurs et un public qui n'existent plus.

« On me reproche, dit-il un jour, le grand *crescendo* de mes œuvres. Mais si je n'avais pas mis le *crescendo* dans mes œuvres, elles n'auraient jamais été jouées à l'Opéra.

De nos jours, le public est esclave. J'ai lu dans le programme d'une maison :
« Toutes les marques d'approbation seront sévèrement réprimées. »
Autrefois, notamment en Italie, le public était maître et sa loi du goût.
Comme elle se produisait avant l'extinction des lumières, une grande
ouverture avec *crescendo* était aussi nécessaire que les cavatines, les duos et les
ensembles : ils venaient entendre les chanteurs et non assister à un opéra.
Dans plusieurs de ses œuvres, notamment dans *Otello*, Rossini a fait un grand
pas en avant vers le réalisme de l'opéra. Dans *Moïse* et *Le Siège de Corinthe* (sans
oublier *Guillaume Tell*), il atteint des sommets qui n'ont pas été dépassés
malgré la pauvreté des moyens dont il dispose. Comme l'a démontré
victorieusement Victor Hugo, une telle pauvreté n'est pas un obstacle au
génie et la richesse n'est chez eux qu'un avantage pour la médiocrité.

J'étais l'un des pianistes réguliers de Rossini. Les autres étaient Stanzieri, un
charmant jeune homme que Rossini aimait beaucoup et qui ne vécut que peu
de temps, et Diemer, qui était aussi jeune mais déjà un grand artiste. L'un ou
l'autre de nous jouait souvent, lors des soirées, les légères pièces pour piano
que le Maître écrivait pour prendre son temps. Je n'étais que trop disposé à
accompagner les chanteurs, alors que Rossini ne le faisait pas lui-même. Il les
accompagnait admirablement car il jouait du piano à la perfection.

Mme. Patty

Malheureusement, je n'étais pas là le soir où Patti a chanté pour Rossini pour
la première fois. On sait qu'après qu'elle eut chanté l'air du *Barbier*, il lui dit,
après les compliments d'usage :

« Qui a écrit cet air que vous venez de chanter ? »

Je l'ai revu trois jours plus tard et, même à ce moment-là, il ne s'était pas calmé.

« Je suis pleinement conscient, dit-il, que les airs doivent être embellis. C'est à cela qu'ils servent. Mais ne pas en laisser de trace même dans les récitatifs ! C'est trop!"

Dans son irritation, il se plaignit que les sopranos persistaient à chanter cet air écrit pour un contralto et ne chantaient pas du tout ce qui avait été écrit pour les sopranos.

D'un autre côté, la diva était également irritée. Elle réfléchit et comprit que ce serait grave d'avoir Rossini pour ennemi. Alors quelques jours plus tard, elle alla lui demander conseil. C'était bien pour elle qu'elle l'acceptât, car son talent, quoique brillant et fascinant, n'était pas encore tout à fait formé. Deux mois après cet incident, Patti a chanté les airs de *La Gaza Ladra* et *Semiramide* , avec le maître comme accompagnateur. Et elle combinait à son génie la justesse absolue dont elle a toujours fait preuve par la suite.

On a beaucoup écrit sur l'interruption prématurée de la carrière de Rossini après l'apparition de *Guillaume Tell* . Elle a été comparée à la vie de Racine après *Phèdre* . L'échec de *Phèdre* fut brutal et cruel, auquel s'ajouta le succès scandaleux de la *Phèdre* d'un indigne rival. Les amis de Racine, les Port Royalistes, n'hésitent pas à profiter de l'occasion. « Vous avez perdu votre âme », lui dirent-ils. "Et maintenant, tu n'as même plus de succès." Mais plus tard, lorsqu'il reprit la plume, il nous livra deux chefs-d'œuvre en *Esther* et *Athalie* .

Rossini était habitué au succès et il lui était difficile de connaître un succès sans enthousiasme alors qu'il savait qu'il s'était surpassé. Cela était sans doute dû à la phraséologie extravagante d'Hippolyte Bis, l'un des librettistes. Mais *Guillaume Tell* a eu dès le début ses admirateurs. J'en ai entendu parler constamment dans mon enfance. Si l'œuvre ne figurait pas à l'affiche de l'Opéra, elle fournissait aux amateurs des morceaux de choix.

À mon avis, si Rossini s'est suicidé en ce qui concerne son art, c'est parce qu'il n'avait plus rien à dire. Rossini était un enfant gâté du succès et il ne pouvait pas s'en passer. Une telle hostilité inattendue mit fin à un ruisseau qui coulait si abondamment depuis si longtemps.

Le succès de ses *Soirées Musicales* et de son *Stabat* l'encourage. Mais il n'écrivit plus que ces légères compositions pour piano et pour chant qui peuvent être comparées aux dernières vibrations d'un son qui s'éteint.

Plus tard, bien plus tard, vint *La Messe* à laquelle on a attribué une importance indue. « *Le Passus* », écrit un critique, «est le cri d'un esprit frappé». La Messe est écrite avec élégance d'une main assurée et experte, mais c'est tout. Il n'y a aucune trace de la plume qui a écrit le deuxième acte de *Guillaume Tell* .

A propos de ce deuxième acte, on ne sait peut-être pas que l'auteur n'avait pas eu l'idée de le terminer par une prière. Les insurrections ne commencent pas habituellement par un chant aussi sérieux. Mais aux répétitions, l'effet de l'unisson *Si parmi nous il est des Traîtres* fut si grand qu'on n'osa pas aller au-delà. Ils ont donc supprimé la véritable fin, qui est maintenant la brillante fin envoûtante de l'ouverture. Ce finale existe à la bibliothèque de l'Opéra. Ce serait une expérience intéressante de le restaurer et de donner à ce bel acte sa conclusion naturelle.

CHAPITRE XIX

JULES MASSENET

Massenet a été loué sans discernement, tantôt pour ses pouvoirs nombreux et brillants, tantôt pour des mérites qu'il n'avait pas du tout.

J'ai attendu pour parler de lui que l'Académie fût prête à le remplacer, c'est-à-dire à mettre quelqu'un à sa place, car les grands artistes ne sont jamais remplacés. D'autres leur succèdent avec leurs propres pouvoirs individuels et différents, mais ils ne prennent pas pour autant leur place. Malibran n'a jamais été remplacé, ni Madame Viardot, Madame Carvalho, Talma et Rachel. Personne ne pourra jamais remplacer Patti, Bartet ou Sarah Bernhardt. Ils ne pourront remplacer Ingres, Delacroix, Berlioz ou Gounod, et ils ne pourront jamais remplacer Massenet.

La question est de savoir si on lui a accordé sa vraie place. Peut-être ses élèves l'ont-ils estimé à sa juste valeur, mais ils lui ont été reconnaissants pour son excellent enseignement et peuvent être à juste titre soupçonnés de partialité. D'autres ont parlé avec mépris de ses œuvres et se sont adressés à lui en transposant les paroles du célèbre dicton : *Saltavit et placuit* . Il chantait et pleurait, alors on cherchait à le déprécier comme s'il y avait quelque chose de répréhensible à ce qu'un artiste plaise au public. Cette notion pourrait paraître fondée, au vu du goût qui s'en ressent aujourd'hui, d'une prédilection pour tout ce qui choque et déplaît dans tous les arts, y compris la poésie. L'épigramme de Sorcières : le laid est beau et le beau est laid est devenue un programme. On ne se contente plus d'admirer les atrocités, on parle même avec mépris des beautés consacrées par le temps et par l'admiration des siècles.

Il n'en demeure pas moins que Massenet est l'un des diamants les plus brillants de notre couronne musicale. Aucun musicien n'a joui d'autant de faveur auprès du public que Auber, que Massenet n'aimait pas plus que son école, mais auquel il ressemblait beaucoup. Ils se ressemblaient par leur facilité, leur étonnante fertilité, leur génie, leur grâce et leur succès. Tous deux composaient une musique qui plaisait à leurs contemporains. Tous deux ont été accusés de plaire à leur public. La réponse à cette question est que le public et les artistes avaient les mêmes goûts et étaient donc en parfait accord.

Aujourd'hui, les révolutionnaires sont les seuls à être estimés par la critique. Eh bien, c'est peut-être une belle chose de mépriser la foule, de lutter à contre-courant et de contraindre la foule, par la force du génie et de l'énergie, à la suivre malgré sa résistance. Pourtant, on peut être un grand artiste sans cela.

Il n'y avait rien de révolutionnaire chez Sebastian Bach avec ses deux cent cinquante cantates, exécutées aussi vite qu'elles étaient écrites et constamment sollicitées pour les grandes occasions. Haendel dirigeait le théâtre où étaient produits ses opéras et ses oratorios, et ils auraient sans aucun doute échoué s'il était allé à l'encontre du goût habituel de son public. Haydn écrivit pour fournir la musique de la chapelle du prince Esterhazy ; Mozart était obligé d'écrire constamment, et Rossini travaillait pour un public intolérant qui n'aurait pas permis qu'un de ses opéras soit joué, si l'ouverture n'avait pas contenu le grand *crescendo* qu'on lui a tant reproché. Ce n'étaient pas des révolutionnaires, mais c'étaient de grands musiciens.

Une autre critique est adressée à Massenet. Il était superficiel, dit-on, et manquait de profondeur. La profondeur, on le sait, est très à la mode.

Il est vrai que Massenet n'était pas profond, mais cela importe peu. Tout comme il y a de nombreuses demeures dans la maison de notre Père, il y en a aussi beaucoup dans celle d'Apollon. L'art est vaste. L'artiste a parfaitement le droit de descendre jusqu'aux profondeurs les plus profondes et de pénétrer dans les secrets intérieurs de l'âme, mais ce droit n'est pas un devoir.

Les artistes de la Grèce antique, avec toutes leurs œuvres merveilleuses, n'étaient pas profonds. Leurs déesses de marbre étaient belles et la beauté suffisait.

Nos sculpteurs d'autrefois, Clodion et Coysevox, n'étaient pas profonds ; ni Fragonard, ni La Tour, ni Marivaux, pourtant ils faisaient honneur à l'école française.

Tous ont leur valeur et tous sont nécessaires. La rose, avec sa couleur fraîche et son parfum, est, à sa manière, aussi précieuse que le chêne robuste. L'art a une place pour les artistes de tous bords, et personne ne doit se flatter d'être le seul à pouvoir couvrir tout le champ de l'art.

Certains, même en traitant d'un sujet familier, ont autant de dignité qu'un empereur romain sur son trône d'or, mais Massenet n'appartenait pas à ce type. Il avait du charme, de l'attirance et une passion fébrile plutôt que profonde. Sa mélodie était vacillante et incertaine, souvent plus un récitatif qu'une mélodie proprement dite, et elle était entièrement la sienne. Il manque de structure et de style. Mais comment résister lorsqu'on entend Manon aux pieds de Des Grieux dans la sacristie de Saint-Sulpice, ou s'empêcher d'être profondément ému par de tels effusions d'amour ? On ne peut pas réfléchir ou analyser lorsqu'on est ainsi ému.

Après l'art émotionnel vient l'art décadent. Mais cela n'a que peu d'importance. La décadence de l'art est souvent loin d'être une détérioration artistique.

La musique de Massenet a pour moi un grand attrait et un attrait rare de nos jours : elle est gay. Et la gaieté est mal vue dans la musique moderne. Ils critiquent Haydn et Mozart pour leur gaieté et détournent le visage avec honte devant la joie exubérante avec laquelle la *Neuvième Symphonie* se termine triomphalement. Vive la morosité. Vive l'ennui ! C'est ce que disent nos jeunes. Ils regretteront peut-être trop tard les heures perdues qu'ils auraient pu passer dans la gaieté.

La facilité de Massenet était quelque chose de prodigieux. Je l'ai vu malade au lit, dans une position des plus inconfortables, et tournant encore des pages d'orchestration qui se succédaient avec une rapidité déconcertante. Trop souvent, une telle facilité engendre la paresse, mais dans son cas, nous savons quel énorme travail il a accompli. Il a été critiqué comme étant trop prolifique. Mais c'est une qualité qui n'appartient qu'à un maître. L'artiste qui produit peu peut, s'il en a la capacité, être un artiste intéressant, mais il ne sera jamais un grand.

M. Jules Massenet

En cette époque d'anarchie de l'art, où il lui suffisait, pour se concilier les critiques hostiles, de se ranger du côté des *fauves*, Massenet donnait l'exemple d'une écriture impeccable. Il a su allier modernisme et respect de la tradition, et il l'a fait à une époque où il lui suffisait de fouler aux pieds la tradition et d'être proclamé génie. Maître de son métier comme peu l'ont jamais été, conscient de toutes ses difficultés, possédant les secrets les plus subtils de sa technique, il méprisait les contorsions et les exagérations que les esprits simples confondent avec la science de la musique. Il suivit la voie qu'il s'était fixée sans se soucier de ce qu'on pourrait dire de lui. Il a su adopter raisonnablement les nouveautés venues de l'étranger et il a su les assimiler parfaitement, mais il a offert le spectacle d'un artiste bien français que ni les Lorelei du Rhin ni les sirènes de la Méditerranée ne pouvaient égarer. C'était un *virtuose* de l'orchestre, mais il n'a jamais sacrifié les voix pour les instruments, ni la couleur orchestrale pour les voix. Enfin, il avait le plus grand don de tous, celui de la vie, don qu'on ne peut définir, mais que le public reconnaît toujours et qui assure le succès d'œuvres bien inférieures aux siennes.

On a beaucoup parlé de notre amitié – notion fondée uniquement sur les démonstrations qu'il m'a fait faire en public – et en public seulement. Il aurait pu avoir mon amitié s'il l'avait voulue, et cela aurait été une amitié dévouée, mais il n'en voulait pas. Il raconta — ce que je n'ai jamais raconté — comment j'avais fait présenter une de ses œuvres à Weimar, où *Samson* venait d'être donné. Ce qu'il n'a pas dit, c'est l'accueil glacial qu'il m'a réservé lorsque je lui ai apporté la nouvelle et alors que je m'attendais à un tout autre type d'accueil. A partir de ce jour, je n'intervins plus, et je me contentais de me réjouir de son succès sans attendre de sa part aucune réciprocité, ce que je savais impossible après un aveu qu'il me fit un jour. Mes amis et compagnons d'armes étaient Bizet, Guiraud et Delibes ; Massenet était un rival. Sa haute opinion de moi fut donc d'autant plus précieuse qu'il me fit l'honneur de recommander à ses élèves d'étudier mes ouvrages. J'ai évoqué cette question uniquement pour préciser que lorsque je proclame sa grande importance musicale, je suis guidé uniquement par ma conscience artistique et que ma sincérité ne peut être suspectée. Encore un mot. Massenet eut de nombreux imitateurs ; il n'a jamais imité personne.

CHAPITRE XX

MEYERBEER

JE

Qui aurait prédit qu'un jour viendrait où il faudrait prendre la défense de l' auteur des *Huguenots* et *du Prophète* , de celui qui dominait autrefois toutes les scènes de l' Europe par un leadership si extraordinaire qu'il on aurait dit que ça ne finirait jamais ? Je pourrais citer de nombreuses œuvres dans lesquelles tous les compositeurs du passé sont loués sans réserve, et Meyerbeer, seul, est accusé de nombreux défauts. Mais d'autres ont aussi des défauts, et, comme je l'ai dit ailleurs, mais il faudra le répéter, ce n'est pas l'absence de défauts, mais la présence des mérites qui fait la grandeur des œuvres et des hommes. Il n'est pas toujours bon d'être sans défaut. Un visage trop régulier ou une voix trop pure manque d'expression. Si la perfection n'existe pas dans ce monde, c'est sans doute parce qu'elle n'est pas nécessaire.

Comme je n'appartiens pas à cette école partiale qui prétend voir Pierre entièrement blanc et Paul tout à fait noir, je ne cherche pas à me faire croire que l'auteur *des Huguenots* n'avait aucun défaut.

Le plus grave, mais le plus excusable, est son mépris de la prosodie et son indifférence pour les vers qui lui sont confiés. Cette faute est excusable car l'école française de l'époque, insouciante de la tradition, lui donnait le mauvais exemple. Rossini était, comme Meyerbeer, un étranger, mais il n'était pas affecté de la même manière. Il a même obtenu de beaux effets grâce à la combinaison du rythme musical et textuel. On en voit un exemple dans la célèbre phrase de *Guillaume Tell* :

> Ces jours qu'ils ont osé proscrire,
>
> Je ne les ai pas défendus.
>
> Mon père, tu m'as dû maudire!

Si Rossini n'avait pas pris sa retraite à un âge où d'autres débutent leur carrière et nous avait offert deux ou trois œuvres supplémentaires, son illustre exemple aurait restauré les vieux principes sur lesquels l'opéra français avait été construit depuis Lulli. Au contraire, Auber a entraîné avec lui toute une génération captivée par la musique italienne. Il est même allé jusqu'à mettre les mots français au rythme italien. Le célèbre duo *Amour sacré de la Patrie* est versifié comme si le texte était *Amore sacro della patria* . Cela ne se voit qu'à la lecture, car il n'est jamais chanté tel qu'il est écrit.

Meyerbeer était donc excusable dans une certaine mesure, mais il abusait de toute indulgence en pareille matière. Afin de conserver intactes ses formes musicales — même dans les récitatifs, qui ne sont en fait que des déclamations mises en musique — il accentuait les syllabes faibles et vice versa ; il ajoutait des mots et faisait des vers inutilement faux, et transformait les mauvais vers en une prose pire. Il aurait pu éviter toutes ces abominations littéraires sans nuire à l'effet par une légère modification de la musique. Les vers donnés aux musiciens étaient souvent très mauvais, car c'était la mode. Le versificateur pensait avoir fait son devoir envers son collaborateur en lui donnant des vers comme celui-ci :

> Triomphe que j'aime!
>
> Ta frayeur extrême
>
> Va malgré toi-même
>
> Te livrer à moi!

Mais quand Scribe abandonna ses flûtes à anches et essaya la lyre, il donna ceci à Meyerbeer :

> J'ai voulu les punir ...Tu les as surpassés !

Et Meyerbeer l'a fait,

> J'ai voulu les punir... Et tu les as surpassés !

ce qui n'était guère encourageant.

Meyerbeer avait aussi d'autres manies. Le plus remarquable a peut-être été de donner à la voix des schémas musicaux qui appartiennent de droit aux instruments. Ainsi, au premier acte du *Prophète* , après que le chœur ait chanté *Veille sur nous* , au lieu de s'arrêter pour respirer et se préparer à la phrase suivante, il lui fait répéter brusquement : *Sur nous ! Sur nous !* à l'unisson des notes orchestrales qui sont pour le moins *une ritournelle* .

Toujours dans la grande scène de la cathédrale, au lieu de laisser l'orchestre faire ressortir par les voix l'expression musicale des sanglots de Fidès : *Et toi, tu ne me connais pas* , il met à la fois les instruments et les voix dans le même temps et sur des paroles qui ne s'harmonise pas du tout avec la musique.

Je n'ai pas besoin de parler de son amour immodéré pour le basson, instrument admirable, mais dont il n'est guère prudent d'abuser.

Mais jusqu'ici nous n'avons parlé que de bagatelles. La musique de Meyerbeer, comme me l'a fait remarquer une femme pleine d'esprit, est comme un décor de scène : il ne faut pas l'examiner de trop près. Il serait difficile de trouver une meilleure caractérisation. Meyerbeer appartenait au théâtre et recherchait avant tout les effets théâtraux. Mais cela ne veut pas dire qu'il était indifférent aux détails. C'était un homme riche et il indemnisait les théâtres pour les dépenses supplémentaires qu'il leur occasionnait. Il multiplie les répétitions en essayant différentes versions avec l'orchestre afin de choisir entre elles. Il n'a pas coulé son œuvre en bronze, comme beaucoup le font, et l'a présentée au public *ne varietur* . Il tâtonnait continuellement, refondait et recherchait le meilleur, ce qui était bien souvent l'ennemi du bien. À la suite de ses recherches continuelles, il transformait trop souvent de bonnes idées en idées inférieures. Notons par exemple, dans *L'Étoile du Nord* , le passage, *Enfants de l'Ukraine fils du désert* . Le passage d'ouverture est élevé, déterminé et pittoresque, mais il se termine de manière très désagréable.

Il a toujours vécu seul, sans domicile fixe. Il était à Spa l'été et sur la Méditerranée l'hiver ; dans les grandes villes uniquement lorsque les affaires l'attiraient. Il n'avait aucun souci financier et ne vivait que pour continuer son travail de Pénélope, qui témoignait d'un grand amour de la perfection, même s'il ne trouvait pas le meilleur moyen d'y parvenir. On a essayé de placer cet artiste consciencieux dans la liste des chercheurs de succès, mais de tels hommes ne sont pas d'ordinaire habitués à travailler ainsi.

Puisque j'ai utilisé le mot artiste, il convient de s'arrêter un instant. Contrairement à Gluck et Berlioz, qui étaient de plus grands artistes que musiciens, Meyerbeer était plus musicien qu'artiste. De ce fait, il utilise souvent les moyens les plus raffinés et les plus savants pour parvenir à un résultat artistique très ordinaire. Mais il n'y a aucune raison pour qu'on lui reproche des résultats qu'on ne remarque même pas dans les travaux de tant d'autres.

Meyerbeer était le leader incontesté du monde de l'opéra lorsque Robert Schumann frappa le premier coup à sa suprématie. Schumann ignorait la scène, bien qu'il y ait fait une malheureuse aventure. Il n'a pas compris qu'il existe plus d'une façon de pratiquer l'art de la musique. Mais il s'en prend violemment à Meyerbeer pour son mauvais goût et ses tendances italiennes, oubliant complètement que lorsque Mozart, Beethoven et Weber travaillaient pour la scène, ils étaient fortement attirés par l'art italien. Plus tard, les wagnériens voulurent évincer Meyerbeer de la scène et se faire une place, et ils reçurent le mérite de certaines des critiques sévères de Schumann, et ce, même si au début de l'escarmouche Schumann et les wagnériens s'entendaient bien. ainsi que Ingres et Delacroix et leurs écoles. Mais ils se sont unis contre l'ennemi commun et les critiques françaises ont suivi. Les critiques négligent entièrement l'opinion de Berlioz, car, après s'être longtemps opposé à Meyerbeer, il l'admet parmi les dieux et lui décerne dans son *Traité d'Instrumentation* la couronne d'immortalité.

Entre parenthèses, s'il est une page surprenante dans l'histoire de la musique, c'est bien l'affectation persistante de classer Berlioz et Wagner ensemble. Ils n'avaient rien en commun sinon leur grand amour de l'art et leur méfiance à l'égard des formes établies. Berlioz abhorrait les modulations enharmoniques, les dissonances résolues indéfiniment les unes après les autres, la mélodie continue et toutes les pratiques actuelles de la musique futuriste. Il a poussé cela jusqu'à prétendre ne rien comprendre au prélude de *Tristan*, ce qui était certainement une affirmation sincère puisque, presque simultanément, il saluait l'ouverture de *Lohengrin*, conçue d'une toute autre manière, comme un chef-d'œuvre. Il n'admettait pas que la voix doive être sacrifiée et reléguée au rang d'une simple unité de l'orchestre. Wagner, pour sa part, a montré à son meilleur une élégance et un talent artistique que l'on peut chercher en vain dans l'œuvre de Berlioz. Berlioz ouvre à l'orchestre les portes d'un monde nouveau. Wagner se précipita dans ce pays inconnu et y trouva de nombreuses terres à cultiver. Mais quelles différences dans les styles des deux hommes ! Dans leurs méthodes de traitement de l'orchestre et des voix, dans leur architecture musicale et dans leur conception de l'opéra !

Malgré la grande valeur des *Troyens* et *de Benvenuto Cellini*, c'est dans la salle de concert que Berlioz brillait le plus ; Wagner est avant tout un homme de théâtre. Berlioz montrait clairement dans *Les Troyens* son intention de se rapprocher de Gluck, tandis que Wagner avouait librement sa dette envers Weber, et particulièrement envers la partition d'*Euryanthe*. Il aurait pu ajouter qu'il devait quelque chose à Marschner, mais il n'en a jamais parlé.

Plus nous étudions les œuvres de ces deux hommes de génie, plus nous sommes impressionnés par la formidable différence qui les sépare. Leur ressemblance n'est qu'une de ces choses imaginaires que les critiques prennent trop souvent pour une réalité. Les critiques ont trouvé autrefois une couleur locale dans *le Semiramide* de Rossini !

Hans de Bülow m'a dit un jour au cours d'une conversation :

"Après tout, Meyerbeer était un homme de génie."

Si nous ne reconnaissons pas le génie de Meyerbeer, nous sommes non seulement injustes mais aussi ingrats. Dans tous les sens, dans sa conception de l'opéra, dans son traitement de l'orchestration, dans son maniement des chœurs, jusque dans la mise en scène, il nous a donné des principes nouveaux dont nos œuvres modernes ont largement profité.

Théophile Gautier n'était pas musicien, mais il avait un bon goût pour la musique et il jugeait Meyerbeer ainsi :

« Outre ses talents musicaux éminents, Meyerbeer possédait un instinct scénique très développé. Il va au cœur d'une situation, suit de près le sens des mots et observe à la fois la couleur historique et locale de son sujet… Peu de compositeurs ont aussi bien compris l'opéra.

Le succès de l'école italienne semble avoir complètement ruiné cette compréhension et ce souci de la couleur locale et historique. Rossini, dans le dernier acte d' *Otello* et dans *Guillaume Tell,* commença sa renaissance avec une audace qui lui revient, mais ce fut à Meyerbeer de lui redonner son ancienne gloire.

Il est impossible de nier son individualité. La fusion de ses tendances germaniques avec son éducation italienne et ses préférences françaises formait un minerai d'un nouvel éclat et d'une nouvelle profondeur de ton. Son style ne ressemblait à aucun autre. Fétis, son grand admirateur et ami et célèbre directeur du Conservatoire de Bruxelles, insista, avec raison, sur cette distinction. Son style se caractérise par l'importance de l'élément rythmique. Sa musique de ballet doit une grande partie de son excellence à la variété pittoresque des rythmes.

Au lieu de la longue ouverture, il nous a donné le court prélude distinctif qui a eu tant de succès. Aux préludes de *Robert* et *des Huguenots* succèdent les préludes de *Lohengrin* , *Faust* , *Tristan* , *Roméo* , *La Traviata* , *Aïda* , et bien d'autres moins célèbres. Verdi dans ses deux dernières œuvres et Richard Strauss dans *Salomé* sont allés encore plus loin et ont supprimé le prélude — une surprise peu agréable. C'est comme un dîner sans soupe.

Meyerbeer nous a donné un avant-goût du fameux *leit-motif* . On le retrouve chez *Robert* dans le thème de la ballade, que l'orchestre rejoue pendant que Bertram se dirige vers le fond de la scène. Cela devrait indiquer à l'auditeur son caractère satanique. On le retrouve dans le chant de Luther dans *Les Huguenots* et aussi dans le rêve du *Prophète* lors du récitatif de Jean. Ici, l'orchestre au son modulé prédit la splendeur future de la scène de la cathédrale, tandis qu'un luth joue des notes graves, agrémentées d'un délicat tissage des violons, et produit un effet remarquable et inédit. Il introduisit sur scène les ensembles d'instruments à vent (je ne parle pas des cuivres) si fréquents dans les grands concertos de Mozart. Une illustration de ceci est l'entrée d'Alice dans le deuxième acte de *Robert* . On en retrouve un écho dans l'entrée d'Elsa au deuxième acte de *Lohengrin* . Une autre illustration est l'entrée de Berthe et Fidès au début du *Prophète* . Dans ce cas, l'auteur a indiqué une pantomime. On ne joue jamais à cela et ce joli morceau perd donc toute sa signification.

Meyerbeer s'est aventuré à utiliser des combinaisons harmonieuses qui étaient alors considérées comme téméraires. On prétend que la sensibilité de l'oreille s'est développée depuis lors, mais qu'en réalité elle s'est émoussée à force de subir les discordes les plus violentes.

La belle « progression » de l'exorcisme dans le quatrième acte du *Prophète* n'a pas été acceptée sans quelques difficultés. Je vois encore Gounod assis devant un piano chantant le passage controversé et essayant de convaincre un groupe d'auditeurs récalcitrants de sa beauté.

Meyerbeer développa le rôle du cor anglais, qui jusqu'alors n'était utilisé que rarement et timidement, et il introduisit également la clarinette basse dans l'orchestre. Mais les deux instruments, tels qu'il les utilisait, semblaient encore quelque peu inhabituels. C'étaient des objets de luxe, des étrangers de distinction, qu'on saluait respectueusement et qui ne jouaient pas un grand rôle. Sous la direction de Wagner, ils devinrent un élément essentiel de la maison et, comme nous le savons, apportèrent une richesse de couleurs.

La question reste ouverte de savoir si c'est Meyerbeer ou Scribe qui a planifié la mise en scène étonnante de la scène de la cathédrale dans *Le Prophète* . Ce devait être Meyerbeer, car Scribe n'avait pas un tempérament révolutionnaire, et cette scène était vraiment révolutionnaire. La brillante procession avec sa foule d'interprètes qui traverse la scène à travers la nef jusqu'au chœur, en gardant constamment ses distances avec le public, est une scène impressionnante, réaliste et belle. Mais les metteurs en scène qui dépensent beaucoup d'argent pour les costumes ne peuvent pas comprendre pourquoi le cortège devrait se dérouler ailleurs que devant les feux de la rampe, aussi près que possible du public, et il est extrêmement difficile de trouver une autre méthode de procédure.

De plus, c'est à Meyerbeer que l'on doit l'idée amusante du ballet de patinage. Il y avait alors à Paris un drôle de type qui avait inventé les patins à roulettes et qui pratiquait les beaux soirs son sport favori sur les grandes surfaces bétonnées de la place de la Concorde. Meyerbeer l'a vu et a eu l'idée du célèbre ballet. Aux débuts de l'opéra, il était certes charmant de voir arriver les patineurs accompagnés d'un joli chœur et d'un rythme de violons réglé par celui des danseurs. Mais la représentation commençait à sept heures et se terminait à minuit. Maintenant, ils commencent à huit heures et pour gagner l'heure, ils doivent accélérer le rythme. Le chœur en question a donc été sacrifié. C'était mauvais pour *les Huguenots* . L'auteur a essayé de mettre en valeur le dernier acte, avec ses beaux chœurs dans l'église — développement du chant de Luther — et la terreur du massacre qui approche. Mais cet acte a été coupé, mutilé et rendu généralement méconnaissable. On va même jusqu'à le supprimer entièrement dans certaines maisons étrangères.

J'ai vu un jour le dernier acte dans toute son intégrité et avec six harpes accompagnant le célèbre trio. Nous ne reverrons plus jamais les six harpes, car Garnier, au lieu de reproduire exactement la disposition de l'orchestre dans l'ancien Opéra, a si bien réussi dans le nouveau qu'on ne peut y mettre les six harpes d'antan ni les quatre tambours avec dont Meyerbeer a eu des effets si surprenants dans *Robert* et *Le Prophète* . Je crois cependant que des améliorations récentes ont permis d'éviter ce désastre dans une certaine mesure et qu'il y a désormais une place pour les tambours. Mais nous n'entendrons plus jamais les six harpes.

Il faut dire quelque chose de la genèse des œuvres de Meyerbeer, car dans de nombreux cas cela était curieux et peu de gens le savent.

II

Nous aimerions peut-être voir des œuvres jaillir du cerveau de l'auteur aussi complètes que Minerve l'était lorsqu'elle sortit de celui de Jupiter, mais c'est rarement le cas. Quand nous étudions la longue série d'opéras qu'a écrit Gluck, nous sommes surpris de rencontrer des choses que nous reconnaissons avoir vues auparavant dans les chefs-d'œuvre qui immortalisent son nom. Et souvent, sous une forme modifiée, la musique est adaptée à des situations entièrement différentes. Les paroles d'un disciple deviennent la formidable prophétie d'un grand prêtre. Le trio d' *Orphée* avec ses tendres amours et ses expressions de bonheur parfait tremble assez avec des accents de tristesse. La musique avait été écrite pour une situation totalement différente qui les justifiait. Massenet nous a dit avoir emprunté à droite et à gauche à sa partition inédite, *La Coupe du Roi de Thulé* . C'est ce qu'a fait Gluck avec son *Elena e Paride* qui n'a eu que peu de succès. Autant avouer qu'un des ballets d' *Henri VIII* est issu du finale d'un opéra-comique en un acte. Cette œuvre était terminée et prête à partir en répétition quand tout a été arrêté parce que j'ai eu l'audace d'affirmer à Nestor Roqueplan, le directeur de la salle Favart, que *Les Noces de Figaro de Mozart* était un chef-d'œuvre.

Meyerbeer, plus que quiconque, a essayé de ne pas perdre ses idées et l'étude de leur transformation est extrêmement intéressante. Un jour Nuitter, l'archiviste de l'Opéra, apprend une importante vente de manuscrits à Berlin. Il assista à la vente et rapporta de nombreux brouillons de Meyerbeer, dont des études pour un *Faust* que l'auteur n'acheva jamais. Ces fragments ne donnent aucune idée de ce qu'aurait été la pièce. Nous voyons Faust et Méphistophélès marcher en Enfer. Ils arrivent à l'Arbre de la Connaissance Humaine au bord du Styx et Faust en cueille les fruits. A partir de ce détail, il est facile d'imaginer que le livret est bizarre. La paternité de cet étonnant livret est inconnue, mais il n'est pas étrange que Meyerbeer l'ait rapidement abandonné. A partir de ce *Faust* mort-né , Scribe, à la demande de l'auteur, construisit *Robert le Diable* . Un air chanté par Faust sur les bords du Styx devient la *Valse Infernale* .

La nécessité d'utiliser des fragments préexistants explique une partie de l'incohérence de cette pièce incompréhensible. Cela explique également la création de Bertram, mi-homme, mi-diable, inventé pour remplacer Méphistophélès. Le fruit de l'Arbre de la connaissance humaine est devenu le *Rameau Vénérée* au troisième acte, et la belle scène religieuse du cinquième acte, qui n'a aucun rapport avec l'action, est une transposition de la scène pascale.

Il ne faut donc pas reprocher à Scribe d'avoir réalisé une mauvaise pièce alors qu'il a eu tant de difficultés à affronter. Il a dû perdre un peu la tête car la mère de Robert s'appelait Berthe au premier acte et Rosalie au troisième. Cependant, la réponse pourrait être qu'elle a changé de nom lorsqu'elle est devenue religieuse.

Plus tard, Scribe fut soumis à une autre épreuve non moins difficile avec *L'Etoile du Nord* . Lorsque Meyerbeer était chef d'orchestre à l'Opéra de Berlin, il écrivit sur commande *Le Camp de Silésie* avec Frédéric le Grand comme héros et Jenny Lind comme star musicale. Comme nous le savons, Frederick était un musicien, car il composait de la musique et jouait de la flûte, tandis que Jenny Lind, le rossignol suédois, était une grande chanteuse. Un combat entre le rossignol et la flûte allait sûrement s'ensuivre, ou l'instinct théâtral n'est qu'une vaine phrase. Mais dans la pièce créée par Scribe, Pierre le Grand remplaçait Frédéric le Grand et pour donner un motif aux appoggiatures du dernier acte, il fallut que le terrible tsar, barbare à moitié sauvage, apprenne à jouer de la flûte.

Il ne vaut pas la peine de raconter comment le tsar prenait des cours de flûte auprès d'un jeune pâtissier qui montait sur scène avec un panier de gâteaux sur la tête ; comment le cuisinier devint plus tard seigneur, et bien d'autres détails de cette pièce absurde. Il est permis d'être absurde sur scène, si l'on fait en sorte que l'absurdité soit oubliée. Mais dans ce cas précis, il était impossible d'oublier les absurdités. L'extravagance du livret a conduit le musicien à bien des choses malheureuses. Cette partition extrêmement intéressante est très inégale, mais il y a mille détails qui méritent l'attention du musicien professionnel. La beauté apparaît même par moments dans la partition, et il y a des morceaux charmants et pittoresques, ainsi que des puérilités et des vulgarités choquantes.

La curiosité du public, longtemps éveillée par des préavis astucieux, atteint son paroxysme lors de la parution *de L'Etoile du Nord* . L'œuvre portée par les talents exceptionnels de Bataille et de Caroline Duprez a connu un énorme succès au début, mais ce succès s'est progressivement atténué. Faure et Madame Patti ont donné de belles performances à Londres. Nous ne reverrons probablement jamais leur égal, et il n'est souhaitable que nous le fassions ni au point de vue de l'art, ni au point de vue de l'auteur.

Les Huguenots ne sont pas un opéra assemblé à partir d'autres, mais ils n'ont pas atteint le public tel que l'auteur l'a écrit. Au début du premier acte, il y avait une partie de bilboquet à laquelle l'auteur avait jeté son dévolu. Mais les balles devaient frapper au moment précis indiqué dans le score et les joueurs n'y sont jamais parvenus. Le passage a dû être supprimé mais il est conservé dans la bibliothèque de l'Opéra. Ils durent également supprimer le rôle de Catherine de Médicis qui devait présider la conférence où était prévu le massacre de la Saint-Barthélemy. Son rôle fut fusionné avec celui de Saint-Pris. On supprima aussi la première scène du dernier acte, où Raoul, échevelé et couvert de sang, interrompit le bal et bouleversa la gaieté en annonçant le massacre aux danseurs étonnés.

Mais la question se pose de savoir si l'on doit croire la légende selon laquelle le grand duo, point culminant de toute l'œuvre, aurait été improvisé pendant les répétitions à la demande de Norritt et de Madame Falcon. C'est difficile à croire. L'œuvre, comme on le sait, est tirée de *la Chronique du règne de Charles IX de Mérimée* . Cette scène est dans la romance et il est presque impossible que Meyerbeer n'ait pas eu l'idée de la mettre dans son opéra. Plus probablement, les gens du théâtre voulaient que le acte se termine par la bénédiction des poignards, et l'auteur, avec son duo dans son portefeuille, n'avait qu'à le sortir pour satisfaire ses interprètes. Une belle scène comme celle-ci, avec son envergure et sa plaisante innovation, ne s'écrit pas à la hâte. Ce duo doit être entendu lorsque les intentions de l'auteur et les nuances qui font partie de l'idée sont respectées et non remplacées par des inventions de mauvais goût qu'ils osent qualifier de traditions. Les vraies traditions se sont perdues et cette scène admirable a perdu de sa beauté.

La manière dont se termine le duo n'a pas été suffisamment notée. La phrase de Raoul, *Dieu garde nos jours. Dieu de notre refuge !* reste en suspens et l'orchestre y met fin, premier exemple d'une pratique fréquemment utilisée dans les œuvres modernes.

On ne sait pas comment Meyerbeer a eu l'idée de mettre en scène le schismatique Jean Huss sous le nom de Jean de Leyde. Nous ne savons pas si cette idée était originale chez lui ou si elle a été suggérée par Scribe, qui a fait de John un personnage fantastique. On sait seulement que le rôle de mère du prophète était initialement destiné à Madame Stoltz, mais celle-ci avait quitté l'Opéra. Meyerbeer entendit Madame Pauline Viardot à Vienne et trouva en elle son idéal, il lui créa donc le rôle redoutable de Fidès. Le rôle de Jean fut confié au ténor Roger, la vedette de l'Opéra-Comique, qui le joua et le chanta bien. Levasseur, le Marcel des *Huguenots* et le Bertram de *Robert* , jouait le rôle de Zacharie.

Le Prophète connut un énorme succès malgré les puissants encensoirs de l'école italienne. Nous voyons désormais ses défauts plutôt que ses mérites.

Meyerbeer est critiqué pour ne pas mettre en pratique des théories qu'il ne connaissait pas et on ne tient pas compte de son intrépidité, qui était grande pour cette période. Personne d'autre n'aurait pu dessiner la scène de la cathédrale avec une telle ampleur et un éclat extraordinaire. La paraphrase de *Domine salvum fac regem* révèle une grande ingéniosité. Sa méthode de traitement de l'orgue est merveilleuse et son idée de la ritournelle *Sur le Jeu de hautbois* est charmante. Celui-ci précède et introduit le chœur d'enfants, et est construit sur un thème inédit développé avec brio par les chœurs, l'orchestre et l'orgue réunis. La répétition du *Domine Salvum* à la fin de la scène, qui éclate brusquement dans un ton différent, est pleine de couleurs et de caractère.

Meyerbeer, compositeur *des Huguenots*

III

L'histoire du *Pardon de Ploërmel* est intéressante. Elle s'appelait d'abord *Dinorah*, un nom que Meyerbeer a repris à l'étranger. Mais Meyerbeer aimait changer plusieurs fois les titres de ses opéras au cours des répétitions afin de maintenir la curiosité du public en fièvre. Il a l'idée d'écrire un opéra-comique en un acte et demande un livret à ses collaborateurs préférés, Jules Barbier et Michael Carré. Ils ont produit *Dinorah* en trois scènes et avec seulement trois personnages. La musique fut écrite promptement et confiée à Perrin, le célèbre metteur en scène, dont l'influence malheureuse se fit bientôt sentir. La première idée d'un metteur en scène à cette époque était d'exiger des changements dans la pièce qui lui était proposée. « Un seul acte de votre part, Maître ? Est-ce permis ? Que peut-on mettre après ça ? Une nouvelle œuvre de Meyerbeer devrait occuper toute la soirée.» C'est ainsi que parlait le réalisateur insidieux, et il avait d'autant plus de chance d'être écouté que l'auteur était possédé par la manie de retoucher et de modifier. Meyerbeer emmena donc la partition en Méditerranée où il passa l'hiver. Au printemps suivant, il rapporta l'œuvre développée en trois actes avec chœurs et personnages mineurs. Outre ces ajouts, il avait écrit les mots que Barbier et Carré auraient dû faire.

Les répétitions étaient fastidieuses. Meyerbeer voulait Faure et Madame Carvalho dans les rôles principaux mais l'un était à l'Opéra-Comique et l'autre dans sa propre maison, le Théâtre-Lyrique. Les travaux allaient et venaient de la place Favart à la place du Châtelet. Mais les hésitations de l'auteur n'étaient au fond qu'un prétexte. Ce qu'il voulait, c'était obtenir un report de l'opéra *Les Blancs et les Bleus de Limnander*. L'action de cette œuvre et de *Dinorah* également s'est déroulée en Bretagne. Dans l'espoir d'être le choix de Meyerbeer, les deux théâtres ont refusé le pauvre Limnander. Finalement, *Dinorah* tomba aux mains de l'Opéra-Comique. Après un long travail acharné, exigé par l'auteur, Madame Cabel et MM. Faure et Sainte-Foix ont réalisé une prestation parfaite.

On a beaucoup critiqué le fait que le chasseur, le faucheur et le berger chantent ensemble une prière au début du troisième acte. Cela n'était pas considéré comme théâtral ; aujourd'hui, c'est une vertu.

On parlait beaucoup de *L'Africanne*, longtemps recherchée et qui paraissait presque légendaire et mystérieuse ; c'est toujours le cas. Le sujet de l'opéra était inconnu. Tout ce que l'on savait, c'est que l'auteur cherchait un interprète et n'en trouvait pas à son goût.

Puis Marie Cruvelli, une chanteuse allemande de formation italienne, est apparue. Avec sa beauté et sa voix prodigieuse, elle brillait comme un météore au firmament théâtral. Meyerbeer trouva en elle son Africanne réalisée et à sa demande elle fut engagée à l'Opéra. Ses fiançailles furent l'occasion d'une brillante reprise des *Huguenots* et Meyerbeer écrivit pour eux une nouvelle musique de ballet. Aujourd'hui, nous n'avons aucune idée de ce qu'étaient alors *Les Huguenots*. Puis l'auteur est retourné à son Africanne et s'est remis au travail. Il allait presque tous les jours voir la brillante chanteuse, quand elle lui annonça soudain qu'elle allait quitter la scène pour devenir la comtesse Vigier ! Meyerbeer se décourage et jette son manuscrit inachevé dans un tiroir où il reste jusqu'à ce que Marie Sass ait tellement développé sa voix et son talent qu'il se décide à lui confier le rôle de Sélika. Il voulait Faure pour le rôle de Nelusko et il était déjà à l'Opéra, il fit donc engager la direction également Naudin, le ténor italien.

Mais Scribe était mort pendant le long temps qui s'était écoulé depuis le mariage de la comtesse Vigier. Meyerbeer était maintenant livré à lui-même, et trop enclin aux révisions de toutes sortes qu'il était, il refit la pièce à sa guise. Une fois terminé, cela ne ressemblait à rien et l'auteur comptait le terminer aux répétitions.

Comme nous le savons, Meyerbeer est décédé subitement. Il se rend compte qu'il est en train de mourir et, sachant combien sa présence est nécessaire à la représentation de *L'Africanne,* il en interdit la représentation. Mais son interdiction n'était que verbale puisqu'il ne savait plus écrire. Le public attendait avec impatience *L'Africanne* , alors il s'est lancé.

Lorsque Perrin et son neveu du Locle ouvrirent le paquet de manuscrits laissés par Meyerbeer, ils furent stupéfaits de ne trouver aucun *L'Africanne* .

« Qu'à cela ne tienne, dit Perrin, le public veut une *Africanne* et il en aura une. »

Il convoque Fétis, l'admirateur enthousiaste de Meyerbeer, et tous trois, Fétis, Perrin et du Locle, parviennent à faire évoluer l'opéra que nous connaissons à partir des restes que l'auteur avait laissés en désordre. Ils n'y sont cependant pas parvenus sans difficultés considérables, sans quelques incohérences, de nombreuses suppressions et même des ajouts. Perrin est l'inventeur de la merveilleuse carte sur laquelle Sélika reconnaissait Madagascar. Ils y ont emmené les personnages afin de justifier le terme Africanne appliqué à l'héroïne. Ils ont également introduit la religion brahmane à Madagascar afin d'éviter de déplacer les personnages en Inde où devrait se dérouler le quatrième acte. La première représentation était imminente lorsqu'ils trouvèrent que l'œuvre était trop longue. Alors ils ont découpé un ballet original où un sauvage battait un tam-tam, et ils l'ont découpé et assemblé sans pitié. Au dernier acte Sélika, seule et mourante, devrait voir apparaître le paradis des brahmanes comme dans une vision. Mais Faure voulait réapparaître au final, il a donc fallu adapter un peu du troisième acte et supprimer la vision. C'est la raison pour laquelle Nelusko succombe si vite au parfum mortel des fleurs vénéneuses, tandis que Sélika résiste si longtemps. Le riturnello de l'air de Sélika, qui devrait être interprété avec le rideau baissé tandis que la reine regarde la mer et le navire au départ au loin à l'horizon, est devenu un véhicule pour les rappels - la dernière chose à laquelle Meyerbeer ait jamais pensé. Mais le pire, c'est la liberté qu'a prise Fétis de retoucher l'orchestration. En guise de compliment à Adolph Sax, il a remplacé la clarinette basse par un saxaphone, comme l'a indiqué l'auteur. Cela a entraîné la suppression de la partie de l'air commençant par *O Paradis sorti de l'onde* car le saxophone ne produisait pas un bon effet. Fétis permet également à Perrin de transformer un solo de basse en chœur, le Bishop's Chorus. La grande tessiture vocale est mal adaptée à un chœur. Certaines modulations barbares sont certainement apocryphes....

Nous ne pouvons imaginer ce qu'aurait été *L'Africanne* si Scribe avait vécu et si les auteurs l'avaient mis en forme. Le travail que nous avons est illogique et incomplet. Les mots sont tout simplement monstrueux et Scribe ne les aurait certainement pas gardés. C'est le cas du passage du grand duo :

> O ma Sélika, vous régnez sur mon âme !
>
> — Ah ! ne dis pas ces mots brûlants !
>
> Ils m'égarent moi-....même

La musique cousue à cette pièce impossible avait cependant ses admirateurs, même fanatiques, tant le prestige du nom de l'auteur était grand au moment de sa parution. Il ne faut pas oublier qu'il y a effectivement de belles pages dans ce chaos. La cérémonie religieuse du quatrième acte et le récitatif brahmane accompagné des *pizzicati* de la basse peuvent en être cités comme indices. Ce dernier passage n'est cependant pas favorable ; ils le minimisent sans conviction et lui enlèvent ainsi toute sa force et sa majesté.

J'ai dit, au début de cette étude, que nous étions ingrats envers Meyerbeer, et cette ingratitude est double de la part de la France, car il l'aimait. Il lui suffisait de dire le mot pour qu'on lui ouvre des théâtres en Europe, mais il leur préférait tous l'Opéra de Paris et même l'Opéra-Comique où les chœurs et l'orchestre laissaient beaucoup à désirer. Lorsqu'il travailla pour Paris après avoir donné *Margherita d'Anjou* et *Le Crociato* en Italie, il fut contraint de s'adapter au goût français, tout comme Rossini et Donizetti. Ce dernier a écrit pour l'Opéra-Comique *La Fille du Régiment* , œuvre militaire et patriotique, et son fringant et glorieux *Salut à la France* a retenti dans le monde entier. Les étrangers ne s'en soucient plus autant de nos jours, et la France applaudit *Die Meistersinger* qui se termine par un hymne à l'art allemand. Quel progrès !

Il faut dire quelque chose d'une partition peu connue, *Struensée* , écrite pour un drame si faible qu'elle empêchait la musique d'obtenir le succès qu'elle méritait. Le compositeur s'est montré dans ce domaine plus artistique que dans tout ce qu'il a fait. On aurait dû l'entendre à l'Odéon avec une autre pièce écrite par Jules Barbier sur le même sujet. L'ouverture figurait dans les concerts tout comme la polonnaise, mais comme l'ouverture de *Guillaume Tell* , elles ont disparu. Ces ouvertures ne sont pas négligeables. L'ouverture de *Guillaume Tell* se distingue par l'invention insolite des cinq violoncelles et sa tempête au début original, sans parler de sa jolie pastorale. La fine profondeur de ton de l'exorde de *Struensée* et le développement de la fugue dans le thème principal ne sont pas non plus à mépriser. Mais tout cela, nous dit-on, manque de hauteur et de profondeur. Peut-être; mais il n'est pas toujours nécessaire de descendre aux Enfers et de monter au Ciel. Il y a certainement plus de musique dans ces ouvertures que dans *Peer Gynt de Grieg* , dont on nous a tant régalé les oreilles.

Mais ça suffit. Il faut s'arrêter aux opéras, car considérer le reste de sa musique nécessiterait une étude à part et cela nous entraînerait trop loin. Mon espoir est que ces lignes puissent réparer une injustice inutile et rediriger les exigeants qui les liront vers un grand musicien que le grand public n'a jamais cessé d'écouter et d'applaudir.

CHAPITRE XXI

JACQUES OFFENBACH

Il est dangereux de prophétiser. Il n'y a pas longtemps, je parlais d'Offenbach, essayant de rendre justice à ses merveilleux dons naturels et déplorant qu'il les dilapide. Et j'ai eu l'imprudence de dire que la postérité ne le connaîtrait jamais. Aujourd'hui, la postérité me prouve que j'avais tort, car Offenbach revient à la mode. Nos compositeurs contemporains oublient que Mozart, Beethoven et Sébastien Bach savaient parfois rire. Ils se méfient de toute gaieté et la déclarent inesthétique. Comme le bon public ne peut se résigner à se passer de gaieté, il se tourne vers l'opérette et se tourne naturellement vers Offenbach qui l'a créée et lui a fourni une réserve inépuisable. Ma phrase n'est pas exagérée, car Offenbach ne rêvait guère de créer un art. Il était doté d'un génie pour le comique et d'une abondance de mélodies, mais il ne songeait pas à faire autre chose que de fournir du matériel pour le théâtre qu'il dirigeait à l'époque. En fait, il en était presque le seul auteur.

Il n'a pas pu se débarrasser de ses influences germaniques et a ainsi corrompu le goût de toute une génération par sa fausse prosodie, considérée à tort comme une originalité. En plus, il manquait de goût. Ils affectaient à l'époque un maniérisme effroyable, consistant à s'arrêter toujours sur l'avant-dernière note d'un passage, qu'elle soit associée ou non à une syllabe muette. Ce maniérisme n'avait d'autre but que d'indiquer au public la fin d'un passage et de donner à la claque le signal d'applaudir. Offenbach n'appartenait pas à cette souche héroïque dont le succès est le moindre de ses soucis. Il adopta donc ce maniérisme, et souvent ses distiques ingénieusement tournés et charmants sont ruinés par cette sotte absurdité passée de mode.

De plus, il écrivait mal, car sa première éducation était négligée. Si les *Contes d'Hoffman* portent les traces d'une plume exercée, c'est que Guiraud a terminé la partition et s'est efforcé de remédier à certaines erreurs de l'auteur. Laissant de côté la mauvaise prosodie et les petits défauts de goût, nous laissons une œuvre qui montre une richesse d'invention, de mélodie et de fantaisie pétillante comparable à celle de Grétry.

Grétry n'était pas plus un grand musicien qu'Offenbach, car il écrivait aussi mal. La différence essentielle entre les deux réside dans le soin, non seulement apporté à sa prosodie mais aussi à sa déclamation, que Grétry s'efforce de reproduire musicalement avec toute l'exactitude possible. Il a dépassé le but en cela, car il n'a pas vu que dans le chant l'expression d'une note est modifiée par le schéma harmonique qui l'accompagne. Il faut reconnaître, en outre, que bien des fois Grétry s'est laissé emporter par son inventivité mélodique et a oublié ses propres principes si bien qu'il a relégué au second plan son souci de déclamation.

Ce qui blessait Grétry, c'était son orgueil sans bornes, dont Offenbach, à son honneur, n'a jamais été affligé. A titre indicatif, il ose écrire dans ses conseils aux jeunes musiciens :

« Ceux qui ont du génie feront des opéras-comiques comme le mien ; ceux qui ont du talent écriront des opéras comme celui de Gluck ; tandis que ceux qui n'ont ni génie ni talent écriront des symphonies comme celle de Haydn.

Cependant, il essaya de faire un opéra comme celui de Gluck et malgré ses grands efforts et ses inventions intéressantes, il ne put égaler l'œuvre de son redoutable rival.

Même s'il n'était pas un grand musicien, Offenbach avait un instinct naturel surprenant et faisait ici et là de curieuses découvertes en harmonie. En parlant de ces découvertes, je dois entrer un peu dans la théorie de l'harmonie et me résigner à n'être compris que par ceux de mes lecteurs qui sont plus ou moins musiciens. Dans un ouvrage léger, *Daphnis et Chloé* , Offenbach risquait une onzième dominante sans introduction ni conclusion – une audace extraordinaire à l'époque. Un petit cours d'harmonie est nécessaire pour comprendre cela. Il faut partir du fait que, théoriquement, toutes les dissonances doivent être introduites et conclues, ce que nous ne pouvons pas expliquer ici, mais que cela ait pour but d'atténuer l'âpreté de la dissonance qui était autrefois très redoutée. Prenez s'il vous plaît, la simple tonalité de do naturel. *Do* est la note clé, *sol* est la dominante. Placez-vous sur ces deux tiers de dominante – *si-re* – et vous obtenez l'accord de dominante parfait. Ajoutez une tierce *fa* et vous obtenez la fameuse septième dominante, dissonance qui semble aujourd'hui effectivement agréable. Il n'y a pas si longtemps, ils pensaient qu'ils devaient se préparer à la dissonance. Au XVIe siècle, cela n'était pas du tout considéré comme admissible, car on entend simultanément les deux notes *si* et *fa* , ce qui semble intolérable à l'oreille. Ils l'appelaient le *Diabolus in musica* .

Palestrina fut le premier à l'employer dans un hymne. Les avis divergent à ce sujet, et certains étudiants en harmonie prétendent que l'accord utilisé par Palestrina n'a que l'apparence de la septième dominante. Je ne partage pas ce point de vue. Mais quoi qu'il en soit, la gloire de déchaîner le diable en musique appartient à Montreverde. Ce fut le début de la musique moderne.

Plus tard, une nouvelle tierce s'est superposée et ils ont osé l'accord *sol-si-re-fa-la* . L'inventeur est inconnu, mais Beethoven semble avoir été le premier à en faire un usage considérable. Il a utilisé l'accord de telle manière que, malgré son utilisation actuelle, il apparaît dans ses œuvres comme quelque chose de nouveau et d'étrange. Cet accord impose ses caractéristiques au deuxième *motif* de la première partie de la *Symphonie en do mineur*. C'est ce qui donne un charme si étonnant au long colloque entre flûte, hautbois et clarinettes, qui surprend et éveille toujours l'auditeur, dans l'*andante* d'une même symphonie. Fétis, dans son *Traité d'Harmonie,* s'insurge contre ce délicieux passage. Il admet que les gens l'aiment, mais, selon lui, l'auteur n'avait pas le droit de l'écrire et l'auditeur n'avait pas le droit de l'admirer. Les érudits ont souvent des idées étranges.

Puis arriva Richard Wagner et le règne de la neuvième dominante remplaça la septième. C'est ce qui donne *à Tannhauser* et *à Lohengrin* leur caractère excitant, cher à ceux qui exigent avant tout en musique le plaisir dû aux chocs du système nerveux. Les imitateurs se sont laissés prendre à ce procédé facile et, avec une naïveté risible, s'imaginent qu'ils peuvent ainsi facilement égaler Wagner. Et ils ont réussi à rendre cet accord précieux absolument banal.

Jacques Offenbach

En ajoutant encore un tiers, nous obtenons la onzième dominante. Offenbach l'a utilisé, mais depuis lors, il n'a joué qu'un petit rôle. Au-delà on ne peut pas aller, encore une tierce et on revient à la note de base, à deux octaves plus loin.

Mais les innovations harmonieuses sont rares dans l'œuvre d'Offenbach. Ce qui le rend intéressant, c'est sa fécondité dans l'invention de mélodies et peu de gens l'ont égalé en cela. Il improvisait constamment et avec une rapidité incroyable. Ses manuscrits donnent l'impression d'avoir été réalisés avec la pointe d'une aiguille. Il n'y a rien d'inutile nulle part en eux. Il utilisait les abréviations autant qu'il le pouvait et la simplicité de son harmonie l'y aidait. Il a ainsi pu réaliser ses œuvres lumineuses dans un délai extrêmement court.

Il eut la chance d'attacher Madame Ugalde à sa compagnie. Ses pouvoirs avaient déjà commencé à décliner mais elle était toujours brillante. Alors qu'elle reprenait spectaculairement *Orphée aux Enfers*, *il* lui écrit *Les Bavards*. Il fut inspiré par l'espoir d'une interprétation insolite et il se surpassa tellement qu'il réalisa un petit chef-d'œuvre. Une reprise de cette œuvre serait certainement réussie si cela était possible, mais les mérites particuliers de la créatrice du rôle seraient nécessaires et je ne la vois comme nulle part.

Il est étrange mais vrai qu'Offenbach ait perdu toutes ses qualités dès qu'il s'est pris au sérieux. Mais ce n'est pas le seul cas dans l'histoire de la musique. Cramer et Clementi ont écrit des études et des exercices qui sont des merveilles de style, mais leurs sonates et concertos sont ennuyeux par leur médiocrité. Les œuvres d'Offenbach données à l'Opéra-Comique, *Robinson Crusoé*, *Vert-Vert* et *Fantasio*, sont bien inférieures à *La Chanson de Fortunio*, *à La Belle Hélène* et à bien d'autres opérettes justement célèbres. Il y a eu plusieurs reprises peu rentables de *La Belle Hélène*. Cela est dû au fait que le rôle d'Hélène a été conçu pour Mlle. Schneider. Elle était belle et talentueuse et possédait une admirable voix de mezzo-soprano. La voix légère du chanteur ordinaire d'opérette est insuffisante pour le rôle. De plus, des traditions ont surgi. L'élément comique a été supprimé et la pièce a été dénaturée par ce changement. En Allemagne, on a eu l'idée de jouer cette farce sérieusement avec un décor archaïque !

Jacques Offenbach deviendra un classique. Même si cela peut paraître inattendu, qu'est-ce qui ne se produit pas ? Tout est possible, même l'impossible.

CHAPITRE XXII

LEURS MAJESTÉS

La reine Victoria m'a fait l'honneur de me recevoir à deux reprises au château de Windsor, et la reine Alexandra m'a fait le même honneur au palais de Buckingham à Londres. La première fois que j'ai vu la reine Victoria, je lui ai été présentée par la baronne de Caters. Elle était la fille de Lablache et possédait une des plus belles voix et un des plus grands talents que j'aie jamais connus. Cette charmante femme, restée veuve, est devenue artiste, se produisant dans des concerts et donnant des cours de chant. A l'époque dont je parle, elle enseignait à la princesse Béatrice, aujourd'hui belle-mère du roi d'Espagne. Dans toute la gloire de la fraîcheur de la jeunesse, la princesse était dotée d'une voix charmante que la baronne dirigeait parfaitement. La princesse nous reçut, madame de Caters et moi, avec une grâce qu'augmentait sa timidité insolite. Pendant ce temps, Sa Majesté terminait son déjeuner. J'étais quelque peu inquiet d'avoir entendu parler de la froideur que la Reine affectait dans ce genre d'audience, aussi fus-je plus que surpris lorsqu'elle entra les deux mains tendues pour prendre les miennes et qu'elle s'adressa à moi avec une réelle cordialité. Elle aimait beaucoup la baronne de Caters et c'était le secret de la réception qui me mit tout de suite à l'aise.

Sa Majesté voulait m'entendre jouer de l'orgue (il y en a un excellent dans la chapelle de Windsor), puis du piano. Enfin, j'ai eu l'honneur d'accompagner la Princesse lorsqu'elle chantait l'air d' *Etienne Marcel* . Son Altesse Royale chantait avec beaucoup de clarté et de distinction, mais c'était la première fois qu'elle chantait devant son auguste mère et elle était presque morte de peur. La Reine en fut si ravie que quelques jours plus tard, sans que j'en fusse informée, elle convoqua à Windsor, Madame Gye, épouse du directeur de Covent Garden, le célèbre chanteur Albani, pour demander qu'Etienne *Marcel* soit mis en scène dans son propre théâtre. . Le souhait de la reine n'a pas été exaucé.

Je suis revenu à Windsor dix-sept ans plus tard, en compagnie de Johann Wolf, qui fut pendant de nombreuses années le violoniste choisi par la reine Victoria. Nous dînions au palais, et, si nous n'avions pas l'honneur de nous asseoir à la table royale, nous étions néanmoins en bonne compagnie avec les jeunes princesses, filles du duc de Connaught. Nous étions logés dans un hôtel car l'honneur de dormir au Château était réservé à des personnages très importants, honneur qu'il ne faut pas envier, car les chambres à coucher sont en réalité des chambres de domestiques. Mais l'étiquette le veut.

Le dîner était terminé et des princes en grand uniforme et des princesses en tenue de soirée élaborée attendaient l'apparition de Sa Majesté. J'ai eu le cœur brisé quand je l'ai vue entrer, car elle était presque portée par son serviteur indien et ne pouvait visiblement pas marcher seule. Mais une fois assise à une petite table, elle était comme avant, avec son charme merveilleux, ses manières simples et sa voix musicale. Seuls ses cheveux blancs témoignaient des années écoulées. Elle m'a interrogé sur *Henri VIII*, qui était donné pour la deuxième fois à Covent Garden, et je lui ai expliqué que dans mon désir de donner à cette pièce la couleur locale de son époque, j'avais fouiné dans la bibliothèque royale de Buckingham Palace. , auquel mon ami, le bibliothécaire, m'avait donné accès. Et je racontai aussi que j'avais trouvé dans une grande collection de manuscrits du XVIe siècle un thème d'une finesse exquise arrangé pour le clavecin, qui servait de cadre à l'opéra - je l'utilisai plus tard pour la marche que j'écrivis pour le couronnement du roi. Édouard. La Reine s'intéressait beaucoup à la musique en général et semblait particulièrement heureuse de cette discussion. Son Altesse le duc de Connaught m'a écrit qu'elle en avait parlé à plusieurs reprises.

La bibliothèque musicale de Buckingham Palace est des plus remarquables et il est dommage que son accès ne soit pas plus facile. On y trouve, entre autres, les manuscrits des oratorios de Haendel, rédigés pour la plupart avec une rapidité déconcertante. Son *Messie* fut composé en quinze jours ! L'instrumentation rudimentaire de l'époque rendait possible une telle rapidité, mais qui peut aujourd'hui écrire tous ces chœurs de fugue avec une telle rapidité ? La manière de la fugue, qui nous paraît laborieuse, était courante à l'époque et on y pratiquait. La bibliothèque contient également des œuvres des contemporains de Haendel, exécutées avec la même maîtrise. Nous ne pouvons pas dire s'ils ont été écrits avec la même rapidité que ceux de Haendel, mais il est facile de voir qu'il y avait une capacité générale à le faire, tout comme il est maintenant commun de produire des effets orchestraux compliqués, dont la possibilité les maîtres anciens n'avaient aucune conception. Ce qui rendait Haendel supérieur à ses rivaux, c'était le côté romantique et pittoresque de ses œuvres ; probablement aussi, sa fécondité prodigieuse et invariable.

Le dernier mot a été dit à propos de la reine Victoria, mais le charme particulier qui émanait de sa personnalité ne peut être trop loué. Elle semblait la personnification de l'Angleterre. Lorsqu'elle est décédée, c'était comme si un grand vide restait. Toutes les splendides qualités du roi Édouard étaient nécessaires pour prendre sa place, combinées à l'effet de surprise du monde en découvrant un grand roi là où on s'attendait à ne voir qu'un prince brillant, amoureux constant du faste et du plaisir.

J'ai ensuite été admis au palais de Buckingham pour jouer avec Josef Hollman, le violoniste, devant la reine Alexandra. Nous étions tous les deux impatients de saisir cette opportunité dont on nous avait dit que c'était impossible. La reine était très occupée et, en outre, elle pleurait la mort successive de son père et de sa mère, le roi et la reine du Danemark. Mais soudain, nous apprenons qu'elle nous recevra. Elle était pâle et paraissait faible, mais elle nous reçut avec la plus grande cordialité. Elle me parla de sa mère, que j'avais vue à Copenhague avec ses sœurs, l'impératrice douairière de Russie, et la princesse de Hanovre, que la politique privait d'une couronne qui lui appartenait de droit. Je garde un très agréable souvenir de cette visite. Je ne sais pas comment cela s'est produit mais je suis resté sans voix face à cette suggestion de la Reine. Elle a évoqué le sujet une seconde fois et ma timidité m'empêchait toujours de répondre. J'aurais dû avoir beaucoup de choses à dire à quelqu'un qui était visiblement désireux d'écouter. Cette reine du Danemark, avec ses quatre-vingts ans, était la plus charmante vieille dame qu'on puisse imaginer. Droite, légère, alerte d'esprit et infaillible dans la parole, elle me rappelait vivement ma grand-tante maternelle, cette femme extraordinaire, qui m'a donné mes premières idées et qui a si bien dirigé ma main sur les touches.

Une chanteuse que je n'avais jamais vue ni entendu parler, mais dont j'avais entendu de mauvais rapports, avait écrit à la reine Louise que je voulais l'accompagner à la cour. La Reine m'a demandé si je la connaissais et si ce qu'elle avait écrit était vrai. Ma surprise fut si grande que je ne pus réprimer un sursaut, que je suivis d'une exclamation de déni, qui parut l'amuser beaucoup. «Je n'en doutais pas», dit-elle, «mais je ne regrette pas d'en être sûre.»

La reine Alexandra était accompagnée de Lady Grey, sa grande amie et princesse héréditaire de Grèce. Après que M. Hollman et moi eussions joué en duo, elle exprima le désir de m'entendre jouer seul. Alors que j'essayais de soulever le couvercle du piano, elle s'avança pour m'aider à le soulever avant que les demoiselles d'honneur ne puissent intervenir. Après ce léger concert, elle remit à chacun de nous, en son nom et en celui du roi absent, une médaille d'or commémorative du mérite artistique, et elle nous offrit une tasse de thé qu'elle versa de ses mains royales et impériales.

D'autres reines m'ont également reçu : la reine Christine d'Espagne et la reine Amélie du Portugal. Après que la reine Christine m'eut entendu jouer du piano, elle exprima le désir de m'entendre jouer de l'orgue, et on choisit pour cela un excellent instrument fabriqué par Cavaillé-Coll dans une église dont j'ai oublié le nom. Le jour fut fixé pour cette cérémonie, qui eût naturellement eu un caractère privé, où de grandes dames sermonnèrent la reine indiscrète pour avoir osé recourir à un lieu sacré dans un autre but que celui de participer aux offices divins. La reine fut mécontente de cette remontrance et elle répondit en venant à l'église non seulement non incognito, mais en grand état, avec le roi (il était très jeune), les ministres et la cour, tandis que des cavaliers postés de temps en temps sonnaient de leurs trompettes. J'avais écrit une marche religieuse spécialement pour cet événement, et la Reine a aimablement accepté qu'elle lui soit dédicacée. J'ai été un peu troublé lorsqu'elle m'a demandé de jouer la mélodie trop familière de *Samson et Dalila* qui commence *Mon coeur s'ouvre à ta voix*. J'ai dû improviser une transposition adaptée à l'orgue, ce que je n'avais jamais rêvé de faire. Pendant la représentation, la Reine appuyait son coude sur le clavier de l'orgue, le menton posé sur une main et les yeux tournés vers le haut. Elle semblait ravie dans une extase qui, comme on peut le croire, n'était pas précisément pour déplaire à l'auteur.

La presse de l'époque publiait de délicieux articles sur la scène, mais sans prétention d'exactitude. Je n'ai rien à voir avec ça.

Sa Majesté la reine Amélie du Portugal m'a un jour honoré d'une manière particulière. Elle me reçut seule, sans aucune de ses dames d'honneur, ce qui lui permit de se dispenser de toute étiquette et de me faire asseoir sur une chaise près d'elle. De cette manière intime, elle m'a diverti pendant trois quarts d'heure en me posant des questions sur toutes sortes de sujets. J'ai eu l'occasion de lui raconter comment le thème oriental du ballet de *Samson* m'avait été donné des années auparavant par le général Yusuf, et de lui donner de nombreux détails sur cet intéressant personnage dont elle avait entendu parler ses oncles.

« Je vais te quitter, dit-elle enfin, mais pas parce que je le veux. Si l'on pratique consciencieusement le *métier* de reine, on ne trouve pas toujours cela amusant.

Qu'aurait dit cette malheureuse femme, si elle avait pu prévoir les calamités qui allaient lui arriver !

A Rome, j'ai eu l'honneur d'être invité à une comédie musicale chez la Reine Margharita. Les grands salons étaient remplis de grandes dames chargées de bijoux de famille d'une valeur fabuleuse. Toute la musique était terriblement sérieuse. Or ce genre de musique ne fait pas connaissance personnelle, d'autant que tous ces grands personnages étaient victimes d'un ennui qu'ils s'efforçaient de dissimuler. Ensuite, les deux reines ont voulu me parler. La reine Hélène, qui est violoniste, m'a dit que ses enfants apprenaient le violon et le violoncelle, arrangement que j'ai hautement loué, car la dévotion exclusive au piano dans ces derniers temps a été la mort de la musique de chambre et presque de la musique elle-même. .

Dans ma galerie de souverains, je ne peux oublier la gracieuse reine de Belgique. Je l'ai cependant toujours vue en compagnie de son auguste époux, et cette histoire deviendrait interminable si j'y incluais « Leurs Majestés » du sexe fort, l'empereur d'Allemagne, les rois de Suède, du Danemark, d'Espagne, du Portugal. ....

Comme j'ai eu plus affaire à des princes qu'à des souverains, ma langue glisse parfois en parlant à ces derniers. Alors que je m'excusais un jour de m'adresser à la Reine de Belgique en l'appelant « Altesse », elle me répondit en souriant : « Ne vous excusez pas ; qui rappelle de bons moments.

Elle m'a raconté l'époque où elle et le roi, alors seuls héritiers présomptifs, parcouraient la côte méditerranéenne dans une petite voiture à deux places. C'est à cette époque que j'ai eu l'honneur de les rencontrer au palais de Son Altesse Sérénissime le Prince de Monaco, et d'avoir avec eux une conversation personnelle charmante et intéressante, car le roi est un savant et la reine une artiste.

CHAPITRE XXIII

PEINTRES MUSICAUX

Ingres était célèbre pour son violon. Un seul mur séparait l'appartement où j'ai vécu durant mon enfance et ma jeunesse de celui où vivait le peintre Granger, un des élèves d'Ingres, avec sa femme et sa fille. Granger a peint l' *Adoration des Rois Mages* dans l'église Notre-Dame de Lorette. J'ai joué avec la couronne en papier doré que portait son modèle lorsqu'il se faisait passer pour l'un des trois rois. Ma mère et Mlle. Granger (qui deviendra plus tard Madame Paul Meurice) aimait peindre et devint de grands amis. Ils copièrent ensemble *Les Enfants d'Edouard* de Paul Delaroche au Louvre, tableau qui faisait fureur à cette époque. Les tableaux de ma mère, dans un état de conservation admirable, peuvent être vus au musée de Dieppe.

J'ai découvert Ingres à l'âge de cinq ans grâce à la famille Granger. La rue du Jardinet, où nous habitions, n'était pas loin du quai Voltaire, et nous allions souvent en cortège, les Granger, ma grand-tante Masson, ma mère et moi, rendre visite à Ingres et à sa femme, une femme délicieusement simple que tout le monde aimait.

Ingres me parlait souvent de Mozart, de Gluck et de tous les autres grands maîtres de la musique. Quand j'avais six ans, j'ai composé un Adagio que je lui ai dédié très sérieusement. Heureusement, ce chef-d'œuvre a été perdu. Comme j'avais déjà joué, et plutôt bien pour mes années, quelques sonates de Mozart, Ingres, en échange de ma dédicace, m'a offert un petit médaillon avec le portrait de l'auteur de Don Juan d'un côté, et cette inscription de l'autre. : "A M. Saint-Saëns, le charmant interprète du divin artiste."

Il a négligemment omis d'ajouter la date de cette dédicace, ce qui aurait accru son intérêt, à l'idée d'appeler un jeune de six ans jusqu'aux genoux « M. Saint-Saëns » était certainement inhabituel.

Ingres, le peintre célèbre pour son violon

Outre les visites que je lui rendais, lorsque j'étais plus âgé, je rencontrais souvent le grand peintre chez Frédéric Reiset, l'un de ses plus fervents admirateurs. On faisait beaucoup de musique dans cette maison et on y entendait souvent Delsarte, le chanteur sans voix, qu'Ingres admirait beaucoup. Delsarte et Henri Reber furent en effet ses mentors musicaux et, malgré ses prétentions de grand connaisseur, il en fut en réalité l'écho. Il affectait, par exemple, le plus profond mépris pour toute la musique moderne, et ne voulait même pas l'écouter. À cet égard, il reflétait Reber. Reber disait doucement de sa voix lointaine et nasillarde : « Il faut imiter quelqu'un, donc la meilleure chose à faire est d'imiter les anciens, car ce sont les meilleurs. » Il entreprend cependant de prouver le contraire en écrivant une musique particulièrement personnelle, alors qu'il croit imiter Haydn et Mozart. Certaines de ses œuvres, par la perfection du trait, le souci du détail, la pureté et la modération, rappellent les dessins d'Ingres qui expriment tant de choses d'une manière si simple. Et Ingres aussi, même s'il essayait d'imiter Raphaël, ne pouvait être que lui-même. Reber aurait été digne de comparaison avec le peintre, s'il avait eu la puissance et la productivité qui distinguent le génie.

Et le violon d'Ingres ? Eh bien, j'ai vu pour la première fois ce fameux violon au Musée de Montaubon. Ingres ne m'en a jamais parlé. On dit qu'il l'a joué dans sa jeunesse, mais je n'ai jamais pu le persuader de jouer la moindre sonate avec moi. «Je jouais, répondit-il à mes supplications, du deuxième violon d'un quatuor, mais c'est tout.»

Je crois donc que je dois rêver en lisant de temps en temps qu'Ingres appréciait davantage les compliments sur son jeu de violon que ceux sur sa peinture. Ce n'est qu'une légende, mais il est impossible de détruire une légende. Comme disait le bon La Fontaine :

> « L'homme est comme la glace vers la vérité ;
>
> Il est comme le feu du mensonge.

Je ne sais pas si Ingres a montré ou non du talent pour le violon dans sa jeunesse. Mais je peux affirmer avec certitude que dans sa maturité, il n'en montra aucune.

On disait également que Gustave Doré était célèbre au violon, et ses prétentions à la considération étaient loin d'être négligeables. Il avait acquis un instrument précieux, sur lequel il jouait *les Concertos de Berlioz* avec une facilité et un esprit vraiment extraordinaires. Ces œuvres superficielles suffisaient à ses capacités musicales. Ce qui était surprenant à propos de son exécution, c'est qu'il n'y avait jamais travaillé. S'il ne parvenait pas à obtenir quelque chose d'un coup, il y renonçait pour de bon.

Il fréquentait fréquemment le salon de Rossini et appartenait à la faction qui soutenait la mélodie et s'opposait à la « musique scientifique savante ». Son tempérament et le mien semblent difficilement compatibles, mais l'amitié, comme l'amour, a ses mystères inexplicables, et peu à peu nous sommes devenus les meilleurs amis du monde. Nous vivions dans le même quartier et nous nous rendions fréquemment visite. Comme nous n'étions presque jamais du même avis sur quoi que ce soit, nous avions des disputes interminables, entièrement exemptes de rancune, qui nous plaisaient beaucoup.

Je suis enfin devenu le confident de ses chagrins secrets et de ses chagrins les plus intimes. Il était doté d'une merveilleuse mémoire visuelle, mais il fit l'erreur de ne jamais utiliser de modèles, car à son avis ils étaient inutiles pour un artiste qui connaissait son *métier*. Il se condamne donc à une perpétuelle approximation, suffisante pour des illustrations qui n'exigent que de la vie et du caractère, mais fatale pour de grandes toiles, avec des personnages à moitié ou en taille réelle. Ce fut la cause de ses déceptions et de ses échecs qu'il attribuait à une malveillance et à une hostilité qui existaient bel et bien, mais qui profitait de cette occasion pour faire payer au peintre le succès exagéré du dessinateur qui avait été extravagant vanté par la presse. Depuis le début. Il s'est exposé à la critique pour avoir abusé de ses propres installations. Je l'ai vu peindre trente toiles à la fois dans son immense atelier. Trois tableaux sérieusement étudiés auraient valu davantage.

Au fond, ce grand garçon jovial et envahi par la taille était mélancolique et sensible. Il est mort jeune d'une maladie cardiaque, aggravée par le chagrin causé par la mort de sa mère dont il n'avait jamais été séparé.

J'ai dédié à Doré une légère pièce écrite pour le violon. Celui-ci n'était pas perdu comme celui d'Ingres, mais il serait entièrement inconnu si Johannes Wolf, le violoniste des reines et des impératrices, ne m'avait fait la faveur de le mettre à son répertoire et d'y apporter son beau talent.

Hébert était le plus sérieux des peintres-violonistes. Jusqu'à la fin de sa vie, il se plaisait à jouer les sonates de Mozart et de Beethoven et, de toute évidence, il les jouait remarquablement. Je ne peux le dire que par ouï-dire, car je ne l'ai jamais entendu. Les rares fois où je l'ai vu chez moi dans ma jeunesse, je l'ai trouvé avec son pinceau à la main. Je ne l'ai revu ensuite qu'à l'Académie, où nous étions assis l'un à côté de l'autre, et il m'a toujours salué cordialement. Nous parlions musique de temps en temps, et il conversait en connaisseur.

Henri Regnault était le plus musical de tous les peintres que j'ai connus. Il n'avait pas besoin de violon : il était à lui. La nature l'avait doté d'une voix de ténor exquise. Il était séduisant par son timbre et irrésistible par son attrait, tout comme lui. Il n'était pas un « quasi-musicien ». Il aimait passionnément la musique et ne voulait pas chanter en amateur. Il suit les cours de Romain Bussine au Conservatoire. Il chante à la perfection les airs difficiles du *Don Juan de Mozart* . Il aimait aussi déclamer le magnifique récitatif du Pèlerinage au troisième acte de *Tannhauser* .

Comme nous étions amicaux et aimions les mêmes choses, la sympathie qui nous unissait était tout naturelle. Au début de la guerre, en 1870, j'écrivis *Les Mélodies Persanes* et Regnault fut leur premier interprète. *Sabre en main* lui est dédié. Mais son grand succès fut *Le Cimitière* . Qui aurait pensé en chantant :

"Aujourd'hui les roses,

Demain le cyprès !

que la prophétie se réaliserait si tôt ?

Quelques imbéciles ont écrit que la perte de Regnault n'était pas à regretter ; qu'il avait dit tout ce qu'il avait à dire. En réalité, il n'avait donné que le prologue du grand poème qu'il élaborait dans son cerveau. Il avait déjà commandé des toiles pour de grandes compositions qui auraient sans doute compté parmi les gloires de l'art français.

Je l'ai vu pour la dernière fois pendant le siège. Il commençait tout juste l'exercice, son fusil à la main. Une des quatre aquarelles qui constituaient sa dernière œuvre était inachevée sur son chevalet. Il y avait une tache informe au fond. Il tenait un mouchoir dans sa main libre. Il l'humidifiait de temps en temps avec de la salive et ne cessait de tapoter à cet endroit sur la photo. À mon grand étonnement, presque à ma grande frayeur, je vis ébauchée et achevée une tête de lion.

Quelques jours après, c'était Buzenval !

Lorsque la question de la publication des lettres d'Henri Regnault s'est posée, on y a trouvé des phrases me faisant référence et me plaçant au-dessus de mes rivaux. Le rédacteur de la lettre entra en communication avec moi, me lut les phrases et m'annonça qu'elles devaient être supprimées, car elles pourraient déplaire aux autres musiciens.

Je savais qui étaient les autres musiciens et à qui appartenait le monteur. Il eût été possible, me semble-t-il, sans blesser personne, d'y inclure l'éloge exagéré, qui, venant d'un peintre, n'avait aucun poids, et qui n'aurait prouvé rien sinon la grande amitié qui l'inspirait. J'ai toujours regretté que le public ne connaisse pas les sentiments avec lesquels le grand artiste, que j'aimais tant, m'a honoré.

LA FIN